AF393906

Pour un développement de l'approche psychosociale dans les projets de solidarité internationale

Retours d'expériences au Rwanda

Vanessa Robin

Pour un développement de l'approche psychosociale dans les projets de solidarité internationale

Retours d'expériences au Rwanda

Préface de Philippe LAMBILIOTTE

Sommaire

On trouve dans la littérature des foisons de publications ayant trait aux organisations de solidarité internationale et à leurs réalisations. La plupart de ces publications sont très spécialisées, restreignant leur centre d'intérêt, cloisonnant des domaines comme l'urgence, la reconstruction et le développement, et s'attachant de surcroît à des aspects techniques : on décortique à l'infini le cycle de projet, on dissèque le cadre logique, on se querelle sur des mots. Le plus souvent, les conclusions de ces travaux sont biaisées car le milieu socio-professionnel de leurs auteurs formate leur analyse ; les différences d'interprétation peuvent être caricaturales entre les propositions de l'idéaliste « tout terrain », pétries de bonnes intentions mais manquant parfois de réalisme, et la froideur de rapports rédigés dans les bureaux feutrés du système U.N, dont les auteurs ne connaissent des pays pauvres que les chambres climatisées des hôtels de capitale.

L'étude menée par Vanessa Robin constitue un heureux trait d'union entre ces deux extrêmes. D'une part, il est le fruit de réflexions provenant du regard porté par une personne n'ayant pas exclusivement baigné dans le monde clos de la coopération et du développement, avec ses tabous, ses rites et sa préoccupation du « politiquement correct ». Ses connaissances dans les domaines du droit et des sciences sociales lui ont permis de porter un regard neuf sur la problématique de reconstruction de sociétés déboussolées par des violences extrêmes. D'autre part, Vanessa Robin a dirigé un projet de réhabilitation dans le Rwanda post-génocide, projet dont la finalité était de réparer des Hommes et non des infrastructures, de reconstruire la société et pas des bâtiments, en bref de jeter les bases permettant de remettre en place des activités de développement indemnes des séquelles de la catastrophe humanitaire d'avril 1994. Ce travail de recherche s'appuie sur une longue expérience de l'accompagnement social et éducatif de mineurs en difficulté, mais également de la situation de pays en crise (Kosovo, Monténégro) ou qui tentent de sortir du traumatisme (Rwanda). La pertinence des situations évoquées au Rwanda et des remèdes proposés constitue un plaidoyer sans failles pour que la priorité soit réservée aux aspects psychosociaux des actions humanitaires dans des régions en situation de post-conflit.

Pour Vanessa Robin, cette étude constitue un aboutissement couronnant une expérience professionnelle riche dont la composante essentielle est de permettre à des gens en butte aux conséquences de traumatismes au sens large du terme de trouver une passerelle vers le bien-être sans accorder d'emblée la priorité aux aspects matériels. Mais ce travail peut également servir de point de départ à une réflexion plus complète sur le type d'activités psychosociales à proposer suivant le type de problématique : si on peut admettre qu'en situation de grande urgence, l'important est de sauver des vies en faisant fi de toute autre considération, il paraît évident qu'en post-urgence, il s'agit en priorité de traiter la santé mentale des populations concernées par le projet dans toutes les étapes de la mise en œuvre de celui-ci, y compris et surtout dans la définition des activités et des stratégies. C'est la seule manière efficace de promouvoir un projet sans susciter des réticences de la part des bénéficiaires, qui gagnent ainsi un statut de partenaires.

Il faut espérer que des personnes comme Vanessa Robin, qui ont fait le choix de progresser dans la voie multidisciplinaire, accèdent de plus en plus à des responsabilités dans le milieu semé d'embuches de la coopération et du développement.

Philippe LAMBILIOTTE
Attaché de coopération internationale au ministère des affaires étrangères du Royaume de Belgique

Introduction

« Les conflits et les catastrophes naturelles en Afghanistan, en Indonésie, au Sri Lanka et au Soudan, parmi beaucoup d'autres, entraînent sur le court terme de grandes souffrances psychologiques et sociales qui peuvent, si l'on ne s'en occupe pas suffisamment, entraîner des problèmes psychosociaux et des troubles mentaux sur le long terme. Ceux-ci peuvent remettre en question la paix, les droits des personnes et le développement »[1].

L'approche psychosociale s'est déployée dans la coopération internationale à partir des années 1990 et principalement depuis le génocide de 1994 au Rwanda. Au début des années 2000, des acteurs de la solidarité internationale prennent conscience qu'il ne faut pas se focaliser sur les besoins primaires sans tenir compte d'une approche psychosociale globale à différents niveaux (auprès des communautés, des familles et des individus) afin de contribuer à la reconstruction de la société. En effet,

---

[1] OMS, Communiqué de presse commun le 14 Septembre 2007, OMS / UNICEF/ InterAction / ACF / ACT / ActionAid / Am Red Cross / CARE Austria / CCF / CGECCD / CICM / FICR / FNUAP / HCR / HealthNet TPO / IMC / INEE / OIM / IRC / MdM-E / Mercy Corps / OCHA / Oxfam GB / PAM / RET / Save the Children. Disponible sur http://www.who.int/mediacentre/news/releases/2007/pr 46/fr/, Consulté le 19/07/2015

intervenir dans des contextes fragilisés suppose de penser au-delà des solutions techniques en prenant en compte les blessures psychologiques qui ont des conséquences importantes et à long terme sur l'ensemble de la vie politique et sociale.

Soutenir l'éducation, la santé et le développement économique dans un pays meurtri, suite à un conflit ou une catastrophe naturelle, requiert un soutien des ressources locales. Toutefois, une pluralité de facteurs peut venir mettre à mal les capacités d'une population cible. Nous nous intéressons ici aux ressources des personnes qui souffrent psychiquement, cette souffrance étant le symptôme d'une mise à mal de la « vie intérieure »[2] des individus. Selon David Becker et Barbara Weyermann, cette vie se rapporte aux sentiments des personnes, à leurs croyances et à leurs valeurs, à la perception qu'elles ont d'elles-mêmes et à leurs relations avec autrui. Quelles sont les capacités des individus et comment peuvent-ils être en mesure de se mobiliser pour reconstruire leur vie ? Une situation de souffrance psychologique génère de réelles incapacités que l'approche psychosociale entend dépasser.

---

[2] David BECKER et Barbara WEYERMANN, « Genre, transformation des conflits et approche psychosociale », Direction du Développement et de la Coopération (DDC) Suisse, 2006, p 11

L'approche psychosociale recouvre différentes appellations, définitions et activités selon les organismes humanitaires. Comme le souligne le Comité Permanent Interorganisations (CPI) sur la santé mentale et le soutien psychosocial, les définitions varient selon les instances d'aide mais sont complémentaires, elles décrivent « tout type de soutien endogène et exogène visant à protéger ou à promouvoir le bien-être »[3]. Selon les éléments de définition que donnent les auteurs du Manuel « Genre, transformation des conflits et approche psychosociales » de la Coopération Suisse, l'approche psychosociale « s'intéresse à ce que ressentent les individus dans un contexte donné » et s'occupe du « vécu subjectif de l'individu en relation avec le milieu dans lequel il évolue »[4]. Par là-même, on peut comprendre que la démarche vient répondre à la détérioration de la relation entre l'individu et son milieu social en intervenant sur les deux dimensions, psychologique et sociale.

Que recouvre le terme «psychosocial» à travers ses deux dimensions ? On peut l'expliquer ainsi : « psycho » se rapporte au psychisme, au vécu intérieur, aux sentiments, aux croyances et aux valeurs. Le terme renvoie aux perceptions que nous avons de

---

[3] Comité Permanent Interorganisations (CPI), Directives du CPI concernant la santé mentale et le soutien psychosocial dans les situations d'urgence, Genève, 2007, p 1
[4] Ibid p.7

nous-mêmes et de nos relations aux autres. Quant à « social », le terme se rapporte aux relations qu'un individu entretient avec autrui et à l'environnement dans lequel il évolue. Il inclut aussi bien la réalité matérielle que l'ensemble du contexte économique et socioculturel. L'intérieur (psycho) et l'extérieur (social) s'influencent réciproquement.

Au regard de ces définitions, peut-on considérer que le bien-être psychosocial des populations cibles contribue au développement social et économique d'une zone d'intervention ? Au niveau individuel, cette détérioration peut s'expliquer par l'existence d'un traumatisme ou d'une détresse né d'un événement que l'individu ne parvient pas à dépasser. Cette situation traumatique ou de détresse restreint considérablement le bien-être de la personne en créant un manque de repères qui l'empêche de se projeter dans le monde économique, social, culturel et politique. Le soutien proposé par l'approche psychosociale doit permettre de dépasser le caractère traumatique de l'événement et redonner à l'individu les capacités à agir. Au niveau collectif, l'approche psychosociale peut répondre à l'altération de l'organisation sociétale, souvent caractérisée par le délitement de la cohésion sociale. Le traumatisme ou la détresse sociale tend à isoler les individus. Par ailleurs, la cohésion sociale peut être atteinte à cause d'une situation générale qui est elle-même la source de l'événement traumatique individuel. En effet, à la suite d'un conflit armé entre deux communautés par exemple, les liens entre ces communautés sont détériorés. Chacune entretenant des rancœurs, de la haine et de la violence envers l'autre.

Aujourd'hui, même si le postulat de l'Organisation Mondiale de la Santé et d'un grand nombre d'ONG est que la composante psychosociale doit se penser et s'insérer dans les opérations d'urgence et les projets de développement, il s'avère que la prise en compte de cette composante reste partielle et ne fait pas l'objet d'un plan d'action global et commun aux organisations humanitaires.

A partir de ce contexte est définie la problématique qui permettra de mieux comprendre l'ensemble des expériences conduisant au développement d'une approche psychosociale dans les programmes de solidarité internationale.

Quelle place accorder à la composante psychosociale et pourquoi l'intégrer dans les interventions humanitaires ?

L'intérêt pour le sujet de ce mémoire, traitant de l'approche psychosociale dans les projets de solidarité internationale, trouve son origine dans mon parcours professionnel dans le champ de l'action sociale et de la protection de l'enfance. L'hypothèse retenue est que la relation d'aide, quel que soit le contexte, dans la solidarité internationale comme dans le secteur social, repose sur les mêmes processus d'intervention et sur les mêmes principes déontologiques, à savoir : l'analyse du contexte et de l'histoire ; la prise en compte de l'environnement social, économique et culturel ; l'individualisation de l'accompagnement ; la participation concertée et partagée dans le projet ; le respect des croyances, des opinions et des choix, etc. Par conséquent, l'accompagnement des populations dans les pays du Sud tout comme l'action sociale dans les pays du Nord doivent viser un objectif commun : améliorer les conditions de vie en favorisant le bien-être psychosocial des personnes. Au fur et à mesure de mes recherches, je fais le constat que les méthodes et les approches de l'intervention psychosociale restent limitées et qu'un nombre d'acteurs de la coopération internationale ne savent que partiellement ce que recouvre la notion d'approche psychosociale. A ce jour, on ne trouve aucun ouvrage spécifique d'initiation à la thématique psychosociale dans le contexte humanitaire.

D'autre part, j'ai choisi de cibler le Rwanda comme terrain d'évaluation des impacts psychosociaux dans les projets de solidarité internationale parce que je reste marquée par l'expérience professionnelle que j'ai vécue dans ce pays. Plus de vingt ans se sont écoulés depuis le génocide rwandais mais les besoins d'accompagnement restent importants. Tant auprès du gouvernement qui est face à des moyens financiers et techniques encore limités qu'auprès de la société civile qui est encore faible, malgré un maillage communautaire de plus en plus développé, et qu'auprès de la population qui, malgré une croissance économique forte et le développement des services de base ces dernières années, est composée d'un grand nombre de personnes vulnérables tant sur le plan économique que psychosocial.

Pour mener à bien ce travail, je me suis appuyée, dans un premier temps, sur la matière empirique dans le cadre de mes recherches sur la thématique psychosociale. Pour récolter des matériaux spécifiques sur l'approche psychosociale, j'ai étudié la littérature grise sur le sujet à travers des articles, des ouvrages, des comptes-rendus de conférence, des manuels, etc. Dans un second temps, je me suis appuyée sur les témoignages des professionnels de mon réseau (ONG et bailleurs de fonds). Ces professionnels m'ont permis d'entrer en relation avec d'autres acteurs impliqués dans la démarche psychosociale (Consultant en évaluation finale, Référent technique en santé mentale, Responsable Prévention et Santé, etc). Afin d'obtenir des éléments sur un projet psychosocial mis en œuvre au Rwanda par une ONG française, je me suis rapprochée des acteurs de terrain et du siège qui m'ont permis de consulter les rapports portant sur le projet et d'échanger sur sa mise en œuvre et son évaluation.

Il s'agit pour nous d'étudier le processus d'intégration de l'approche psychosociale, engagé par les Organisations Non Gouvernementales, dans les actions humanitaires et d'analyser comment cette approche peut contribuer à l'efficacité des projets. Le cadrage général de ce processus nous amènera à nous centrer sur des actions psychosociales réalisées au Rwanda. Nous étudierons dans un premier temps le processus d'intégration de l'approche psychosociale dans les pratiques humanitaires en tenant compte des spécificités du contexte, de la participation des communautés et de l'intervention des acteurs internationaux **(I)** pour ensuite évaluer les impacts des interventions psychosociales mises en œuvre dans un contexte précis, celui du génocide au Rwanda **(II)**.

I. Le processus d'intégration de l'approche psychosociale dans les pratiques humanitaires

Prendre en charge les traumatismes des populations et œuvrer à l'amélioration du vivre-ensemble supposent une approche spécifique dans les pratiques humanitaires. L'approche psychosociale, qui vise à soutenir et aider les populations en situation de fragilité et de vulnérabilité, s'inscrit dans un processus global qui doit tenir compte du contexte (politique, économique, social et culturel), de la participation des communautés et de l'intervention des acteurs internationaux.

A. <u>Le cadre conceptuel de l'approche psychosociale</u>

1. *L'impact social et psychologique des crises sur les populations*

Aujourd'hui, les crises humanitaires sont à la fois multidimensionnelles et complexes. L'ampleur des crises et des besoins humanitaires est exponentielle, tout comme la réponse humanitaire internationale. Ces dernières années, des millions de personnes ont été touchées par trois crises de grande ampleur très différentes les unes des autres :

en République centrafricaine, aux Philippines et en Syrie, chacune correspondant à l'état d'urgence maximal défini par l'ONU (niveau 3)[5]. A ce jour, en 2015, les Nations-Unies ont relevé à son maximum le niveau d'urgence humanitaire dans quatre pays : au Yémen, en Irak, en Syrie et au Soudan du Sud. Ailleurs, d'autres crises perdurent mais elles sont moins médiatisées à l'échelle internationale, notamment en Afghanistan, en République démocratique du Congo, en Somalie, en Birmanie, etc. En 2015, dans le monde entier, le nombre de personnes déplacées a atteint un niveau sans précédent, totalisant 33,3 millions d'individus, tandis que le nombre de réfugiés s'est élevé à 16,7 millions[6].

Ces crises peuvent être d'origine naturelle (tremblement de terre, sécheresse) ou d'origine humaine (conflit armé). Selon Josse et Dubois, *« une crise est une situation aiguë, difficile à gérer, ayant des conséquences importantes et durables [...] elle constitue une mutation d'un état, d'un moment ou d'un type d'organisation à un autre, par exemple d'une*

---

[5] Charte des Nations Unies, Chapitre VII , Articles 39 à 51 régissant le niveau d'urgence humanitaire, Disponible sur http://www.un.org/fr/documents/charter/, Consulté le 21/07/2015

[6] Aide humanitaire internationale, Rapport 2015, Global Humanitarian Assistance, Disponible sur http://www.globalhumanitarianassistance.org/, Consulté le 21/07/2015

situation stable ou critique à une situation catastrophique. La crise est donc un bouleversement désastreux de la situation antérieure »[7]. Les auteurs exposent les critères suivants pour définir une crise humanitaire : la détérioration rapide et importante de la situation ; les nombreuses victimes ou nombreuses personnes en danger de mort ; la singularité et l'ampleur de la crise plonge la population dans une situation de détresse importante, les destructions matérielles substantielles ; les incapacités ou les grandes difficultés des responsables institutionnels à gérer la situation.

Une crise entraîne des bouleversements importants sur la population qui est au cœur de la situation, elle perturbe les mécanismes psychologiques et sociaux. Une situation de crise affecte l'individu, la famille, la communauté. Elle met les populations civiles en situation de danger et/ou dans l'incapacité de répondre à leurs besoins vitaux.

En outre, l'impact psychosocial des crises humanitaires se traduit par des problématiques psychologiques et sociales au niveau individuel et collectif. On constate une augmentation des problèmes sociaux (déstructuration sociale, augmentation de la

---

[7] Evelyne Josse et Vincent Dubois, « Interventions humanitaires en santé mentale dans les violences de masse », De Boeck Université, 2009, p 38

violence basée sur le genre), de la détresse psychologique (deuil, angoisse), des troubles psychiques (dépression, trouble de l'anxiété, psychose) et des difficultés individuelles à conduire ses activités quotidiennes. Au niveau individuel, l'impact psychosocial de la crise se caractérise par l'incapacité de l'individu à répondre à ses besoins primaires, à se concentrer, à trouver des solutions aux problèmes de tous les jours, à interagir avec les autres. Au niveau collectif, les repères, les rituels, les liens communautaires et sociaux sont transformés en raison de la crise elle-même, mais parfois aussi du fait de certaines interventions humanitaires qui ne tiennent pas compte, par exemple, de la hiérarchie communautaire. Ces transformations entraînent l'affaiblissement des structures communautaires et des mécanismes traditionnels de soutien. La déstructuration sociale ne permet plus aux communautés de s'appuyer sur leurs propres leaders et sur les liens sociaux pour organiser la reconstruction. Aussi, le manque de lieux de culte et de chefs religieux peut retarder ou annuler les rituels religieux ou les funérailles alors qu'ils participent à l'élaboration du deuil personnel et collectif.

L'impact psychologique est variable selon le type de la crise, qu'elle soit d'origine naturelle ou humaine.
Une catastrophe naturelle sera le plus

souvent vécue comme étant la manifestation d'une force destructrice impersonnelle ou d'origine divine et mobilisera plus facilement les populations pour la reconstruction du pays. Pour exemples : la responsabilité des inondations du fleuve Kosi en Inde, en 2008, est attribuée à une déesse en colère ; suite au tsunami de 2004, beaucoup d'habitants d'Aceh en Indonésie ont pensé qu'Allah les avait punis d'avoir autorisé le tourisme ou les forages pétroliers ; en Afrique de l'Ouest, où le mont Cameroun entre en éruption régulièrement, un chef de village s'est fait l'écho des croyances de nombre de personnes en disant : « lorsque le dieu des montagnes se met en colère, il déclenche une éruption». Pour autre exemple, en Haïti, où la religion joue un rôle crucial dans toutes les sphères de la vie haïtienne (y compris la politique, la morale et la santé), un archevêque de Port-au-Prince déclare :

«On se considère comme fortunés. Les temples vaudous ont mieux résisté que les églises et la cathédrale. Ils sont toujours debout. […] La nature a remis les choses à flot en nous frappant. […] Le Vatican et les grandes puissances occidentales se sont ligués pour que les chrétiens travaillent à l'effacement du vaudou, la religion des origines. Tout cela doit changer. Le tremblement de terre marque le début d'une

nouvelle ère »[8].

Un conflit va confronter l'individu à des crimes de guerre et à des crimes contre l'humanité, ce qui engendre davantage de terreur endémique et des sentiments tels que la méfiance, la haine, l'impuissance ou encore la culpabilité. On peut prendre pour exemple les Palestiniens vivant dans les Territoires occupés pour illustrer une situation qui entraîne des mécanismes de perte (travail, maison), de deuil et de séparation, d'insécurité, de confinement et de limitation (des possibilités de mouvements, de construction). Ces mécanismes entravent le vivre-ensemble et se heurtent au repli sur soi, ce qui ne favorise pas la mobilisation collective.

L'impact social peut aussi être différent selon la crise. La solidarité et le soutien mutuel caractérisent « l'après » d'une catastrophe naturelle alors que le conflit provoque un repli sur le groupe d'appartenance (ethnique, religieuse) vis-à-vis des autres groupes. Pour autre exemple, le rythme lent de la sécheresse peut permettre à une communauté de se préparer à la crise et de trouver des solutions concertées, contrairement à une catastrophe naturelle soudaine tel un séisme.

---

[8] En Haïti le vaudou est toujours debout, Article publié le 04/02/2010, [Consulté le 21/07/2015], Disponible sur http://www.lefigaro.fr/international/2010/02/04/01003-en-haiti-le-vaudou-est-toujours-debout-.php

Au cours de ces dernières années, comme nous le verrons ultérieurement, des acteurs de la solidarité internationale ont pris conscience de l'impact psychosocial individuel et collectif d'une crise humanitaire. Lorsque l'analyse de la crise englobe les conséquences psychosociales sur les populations, elle permet de préciser les dimensions du conflit ou de la catastrophe naturelle et facilite une compréhension globale de la situation de crise. Sans la dimension psychosociale, l'analyse du conflit reste insuffisante. De même, si les interventions psychosociales excluent les dimensions économiques, sociales, culturelles et politiques, leur réussite et leur durabilité seront limitées. Les questions suivantes peuvent alors se poser : Pourquoi des anciens combattants du Salvador exploitent-ils mal leur terre en dépit de la formation agricole dont ils ont bénéficié et finissent par la perdre à nouveau? Pourquoi des femmes qui ont pris les armes et exercé un rôle important au Kosovo renoncent-elles, à la fin de la guerre, à toute activité sociale pour se retirer dans leurs foyers ? Pourquoi voit-on augmenter la violence intrafamiliale à Gaza ?

Rappelons que le terme « psychosocial » est une jonction entre le psychologique et le social, l'intime et le public. L'approche psychosociale doit être globale, elle s'inscrit dans un environnement. Aussi, dans un contexte de crise, les acteurs humanitaires doivent tenir compte des personnes, non pas seulement comme « un corps à soigner » mais comme des entités humaines évoluant dans un environnement. Environnement dans lequel les individus doivent interagir, c'est-à-dire participer à leur propre reconstruction et au relèvement de la société.

2. La participation des communautés à leur propre reconstruction

La recherche du bien-être des populations est au fondement de l'approche psychosociale. Pour parvenir à ce bien-être, le soutien psychosocial doit s'appuyer sur les ressources communautaires. Pour ce faire, il s'agit de faire immerger les capacités des personnes en les soutenant dans leur participation à la vie sociale. Ces constats inscrivent le soutien psychosocial dans l'approche des « *capabilités* », selon Marie GARRAU et Alice LE GOFF, qui traduisent la liberté que les individus ont « *d'accomplir des fonctionnements, combinaisons d'états et d'actions qui vont du plus élémentaire (avoir de quoi manger, être en bonne santé) au plus complexe (être heureux, participer à la vie de la communauté) et qui constituent le bien-être* »[9].

Le seul apport de biens matériels ou immatériels (eau, nourriture, argent, éducation, formation) ne peut suffire et ne garantit pas le bien-être. Et en l'absence de soutien de ces capabilités, l'implication de la communauté, recherchée dans les projets, ne pourra être optimale. Ainsi, dans l'élaboration et la mise en œuvre d'un projet, il s'agit de

---

[9] Marie GARRAU et Alice LE GOFF, Care, justice et dépendance, Paris, Philosophies PUF, 2010, p 133

s'interroger sur la façon d'assurer la mise en capacité des populations cibles et sur les moyens à proposer pour parvenir à une pleine participation des personnes.

L'absence de moyens pour le développement des capacités des personnes peut être illustré à travers un projet de la Croix-Rouge Française (CRF) au Cambodge en 2004[10]. La CRF avait mis en place un service de soins à destination des adolescents atteints du VIH/Sida dans un centre hospitalier pédiatrique à Phnom Penh mais les taux d'adhérence au traitement antirétroviral étaient très faibles. La prise en charge se limitait alors à une consultation avec un médecin qui expliquait à l'adolescent comment se déroulait la prise et le suivi du traitement. En 2008, les limites de ce projet sont apparues et la CRF a décidé de renforcer l'équipe de soins en y intégrant une psychologue qui avait pour mission de former et d'accompagner le personnel soignant pour le convaincre que le public cible n'avait pas uniquement besoin du traitement antirétroviral mais qu'il devait être pris en compte dans sa globalité (au sein de sa famille et de son environnement social) pour comprendre ce que représentait la maladie et les

---

[10] Conférence-débat, Le bien-être : socle du développement ? AFD, animé par RFI, 26 Mars 2013, [Consulté le 22/07/2015], Disponible sur http://www.afd.fr/home/presse afd/evenements/des-idees-pour-developpement

conséquences sur sa vie. Par la suite, des activités psychosociales, telles que des groupes de paroles, des espaces ludiques et artistiques, un accompagnement des familles, ont permis aux adolescents et à leurs familles de mieux comprendre la maladie et d'aller vers le soin. En 2010, une enquête auprès des adolescents et de leurs familles a été réalisée et a permis de mesurer les effets positifs de ces activités psychosociales : 95 % du public cible considérait que ces mesures avaient constitué un apport positif pour eux et avaient contribué à leur bien-être, 84 % des parents ont constaté une réelle évolution du comportement de leur enfant. Cet exemple montre que la mise en place d'un centre de soins ne suffit pas pour que la population cible adhère au traitement proposé et qu'il est important d'agir sur les représentations et sur les capacités des personnes pour atteindre les objectifs du projet.

Délivrer une quantité de biens répondant aux besoins vitaux des populations ne garantit en rien leur bien-être et peut même aboutir à des situations d'échec si le projet ne tient pas compte de l'environnement social et culturel d'une population cible.

Pour illustrer ce constat, nous présentons un autre exemple, celui d'un projet de construction en Haïti après le séisme de 2010.

Lorsque l'ONG GRET[11] est intervenue à Haïti dans le cadre d'un projet d'appui à la reconstruction et à l'aménagement d'un quartier de Port-au-Prince, elle a constaté que des abris, construits par une autre ONG suite au séisme, n'étaient pas habités. Les habitants refusaient d'y entrer et d'y vivre car il n'y avait qu'une porte alors que dans l'habitat traditionnel haïtien, il y a deux portes, une pour les personnes et une autre pour les esprits. En concertation avec l'AFD, chargée du financement du projet de reconstruction du quartier, GRET a inclus dans les activités du projet, l'aménagement d'un espace de recueillement et de paroles. Sans ce travail sur l'environnement social, culturel et religieux pour faciliter l'expression de la population cible, les objectifs du projet auraient pu être compromis.

La spiritualité et les croyances d'une population doivent influer sur la manière dont est pensé un projet, de ce fait la prise en compte de ces facteurs peut prévenir les risques d'échec dans sa mise en œuvre. La foi religieuse peut permettre aux populations cibles de se constituer un réseau social et de garder de l'espoir. Les coutumes, les rites et les traditions qui accompagnent la pratique de

---

[11] GRET, Port-au-Prince : les associations de Desprez améliorent le cadre de vie de leur quartier, [Consulté le 22/07/2015], Disponible sur http://www.gret.org/2015/06/port-au-prince-les-associations-de-desprez-ameliorent-le-cadre-de-vie-de-leur-quartier/.

ces croyances donnent une structure et une identité. Dans certaines régions du monde, la religion et autres croyances jouent un rôle important, car elles contribuent notamment à expliquer les catastrophes. Elles peuvent aider les gens à accepter que quelque chose de dévastateur leur soit arrivé et leur permettre de trouver du réconfort. Aussi, peut-on considérer que l'action humanitaire aura des effets moins durables si ne sont pas dûment pris en compte la culture, les croyances et les attitudes des populations et si la participation des communautés n'est pas garantie dans les projets.

Ces dernières années, un changement important s'est produit dans la solidarité internationale, puisqu'on est passé des politiques imposées « d'en haut » à un intérêt considérablement accru pour les « simples citoyens » et les activités participatives. Les recommandations émises par le Comité Permanent Interorganisations (CPI) sur la santé mentale et le soutien psychosocial, principales recommandations en la matière, préconisent l'utilisation des ressources au sein des groupes affectés par les crises. Parmi ces nombreuses ressources, le CPI souligne l'importance des ressources d'ordre social avec les familles, les chefs communautaires, les chefs religieux, les groupes de femmes, les enseignants, etc[12]. Les ressources sociales peuvent être investies en remobilisant des structures formelles ou non qui répondent traditionnellement aux besoins collectifs, en partant des attentes exprimées par les communautés et en privilégiant une mise en œuvre des activités par des membres de la population locale. En étant pleinement intégrés dans le projet, les individus se livrent, commencent à parler de ce qu'ils ont vécu et retrouvent des repères. Les directives du CPI insistent sur ces points, à travers notamment l'exemple de zones rurales de Bosnie, où des femmes, victimes de viols pendant la guerre des années 1990, refusaient de rencontrer des soignants (psychiatres ou psychologues) par honte ou par crainte d'être déconsidérées. Ces femmes ont poursuivi leurs activités antérieures ensemble : tricoter en groupe, prendre un café ensemble, se soutenir les unes les autres, elles se sont retrouvées dans le récit des autres et ont progressivement accepté leur situation, ce qui leur a permis alors de « re-fonctionner »[13].

Aujourd'hui, le terme anglosaxon

---

[12] Directives du CPI concernant le soutien psychosocial dans les situations d'urgence, Genève 2007 [Consulté le 15/08/2015],www.who.int/**mental**_health/emergencies/iasc_gu delines_french.pdf, p 20

[13] Pour des informations complémentaires sur la mise en œuvre des activités, voir CPI, « Aide-Mémoire 5.2 Promouvoir l'entraide et le soutien social communautaire », op. Cit., p 111-117

« empowerment » est utilisé dans les politiques de développement. Il décrit les actions de lutte contre la pauvreté dans lesquelles le bénéficiaire est au centre : celui-ci reçoit une aide qui doit lui permettre d'améliorer ses conditions de vie par lui-même. L'empowerment, c'est l'action de donner les moyens à des personnes de s'en sortir par elles-mêmes, en leur donnant les capacités d'agir sur leurs conditions sociales, économiques et politiques. L'empowerment fait référence, d'une part à l'individu, au pouvoir qu'il peut avoir sur sa propre vie et à sa capacité de décider et d'autre part au collectif, au pouvoir des individus au sein du groupe dans une vision collective de changement social.

On retrouve la notion d'empowerment dans de nombreux programmes et notamment dans les projets relatifs à l'amélioration des conditions de vie des femmes. Un indice, the Women's Empowerment in Agriculture Index (WEAI)14 permet de mesurer l'empowerment des femmes en agriculture, en tenant compte de cinq domaines : la production, les ressources, les revenus, le leadership et la répartition de la charge de travail. L'objectif de

---

[14] WEAI *(Indice de l'autonomisation des femmes dans l'agriculture)*, Women's empowerment in Agriculture Index, [Consulté le 22/07/2015], Disponible sur http://feedthefuture.gov/sites/files/resource/weai_broch ure_2012.pdf

l'indice est d'indiquer le niveau des conditions de vie de la femme, sur des critères relevant de la cellule familiale, de la communauté et de l'économie. L'agence de développement américaine, USAID, utilise cet index pour mesurer l'impact des projets qu'elle finance sur la condition des femmes. Pour exemple, le projet « Feed the Future » cible les populations de la Vallée du Fleuve Sénégal et a pour objectif d'appuyer la diffusion des technologies et des bonnes pratiques pour qu'elles bénéficient au plus grand nombre de productrices de riz, de maïs et de mil. Même s'il s'agit avant tout d'un outil de développement, le WEAI est précieux dans une situation d'urgence pour identifier les possibilités de changement et mesurer par la suite l'impact sur les conditions des femmes et leur bien-être.

L'approche psychosociale intègre donc pleinement la participation des communautés dans le but de mettre en place une aide adaptée au contexte et aux spécificités de la crise. De plus, la place des activités psychosociales doit pouvoir être garantie quelle que soit la phase de la crise, dans les contextes d'urgence, de réhabilitation et de développement.

3. Le cadrage des interventions pour une aide adaptée au contexte

Nous l'avons vu précédemment, l'approche psychosociale doit veiller à la cohérence de la réponse humanitaire proposée en rapport à la *nature de la crise,* en s'ancrant dans *l'environnement des populations* pour garantir le déploiement des capacités d'agir et ainsi éviter d'apporter une réponse inadaptée aux besoins, voire contre-productive en causant des préjudices. Dès lors, il est nécessaire d'inclure, dans le processus d'intégration de l'approche psychosociale, une étude contextuelle en rapport aux phases de la crise. Il convient en premier lieu de présenter la distinction entre les temps de l'urgence, de la réhabilitation et du développement afin de mieux appréhender les réponses psychosociales dans les situations de crises.

La phase d'urgence intervient dès le commencement de la crise humanitaire afin de porter secours et assistance aux populations. L'UNICEF définit ainsi une situation d'urgence : *« Une situation qui menace la vie et le bien-être d'un grand nombre de personnes et qui nécessite la prise de mesures extraordinaires pour assurer leur survie, leurs soins et leur protection. Les urgences peuvent être créées par des catastrophes naturelles ou technologiques,* *des épidémies ou des conflits »*[15]. L'Entité des Nations Unies pour l'égalité des sexes et l'autonomisation des femmes distingue différentes étapes de l'urgence[16] : la pré-crise, avant la survenue de la catastrophe ; la crise, survenue au paroxysme de la catastrophe (causant souvent des déplacements de population importants) et la stabilisation, juste après la réponse aux besoins immédiats.

L'action humanitaire d'urgence est mise en œuvre dans un pays, une région ou une société dans lesquels on constate un effondrement substantiel ou total de l'autorité, à la suite d'un conflit ou d'une catastrophe naturelle. Cet effondrement va nécessiter une réaction internationale immédiate dépassant le mandat ou la capacité d'un seul organisme. Or la prise en charge psychosociale nécessite du temps pour connaître l'approche et construire les activités de soutien psychosocial, au même titre qu'elle suppose d'accepter de privilégier l'exploitation de ressources communautaires à l'apport de ressources externes. Cette démarche implique une grande proximité avec les populations cibles. Comment intégrer cette approche dans un contexte d'urgence ?

---

[15] UNICEF, session de formation « Introduction à l'action humanitaire », [Consulté le 23/07/2015], Disponible sur www.unicef.org/
[16] ONU Femmes, Entité des Nations Unies pour l'égalité des sexes et l'autonomisation des femmes. [Consulté le 23/07/2015], Disponible sur http://www.endvawnow.org/fr/

Un des grands problèmes posés au Bangladesh, après la tempête tropicale en 2012, tient au fait que les communautés n'aient pas été consultées par certaines ONG pour la construction des premiers abris.

Pendant plusieurs années, le Croissant-Rouge du Bangladesh a essayé de développer la propriété communautaire en assurant l'entretien des abris par l'intermédiaire du comité de gestion des abris auquel participaient divers groupes locaux. Cependant, peu de ces comités sont restés actifs et les populations n'occupaient pas les abris, du fait de préoccupations liées à la culture, à la sécurité et à la sûreté. En effet, dans les milieux conservateurs, les femmes attendaient la décision de leur mari avant de s'y rendre et les hommes hésitaient à y envoyer leurs femmes et leurs filles, à cause de la promiscuité avec d'autres hommes. L'absence de prise en compte des facteurs culturels est liée à des défauts de conception alors que « *la participation des femmes est cruciale dès la phase de reconstruction dans l'urgence, surtout aux prises de décisions concernant la conception des infrastructures. En plus des secours d'urgence, il est important d'aider les gens à prendre en main leur propre relèvement et à reconstruire leurs existences et leurs moyens de subsistance* [17] », explique un responsable du Croissant- Rouge du Bangladesh.

Au niveau de la Fédération Internationale de la Croix-Rouge, la prise en compte du soutien psychosocial, dans les actions humanitaires d'urgence, a émergé avec la Croix-Rouge danoise lors du tremblement de terre à Bam en Iran en 2003.

Lors de la Conférence Nationale Humanitaire organisée le 31 Mars 2014 à Paris, par le Ministère des Affaires Étrangères et du Développement International, les représentants de l'Agence Française de Développement (AFD) ont dit regretter que les actions humanitaires d'urgence fassent généralement l'économie de l'analyse socio-économique des terrains d'intervention. Ils ont insisté, d'une part, sur « *l'importance pour le secteur de l'urgence de s'interroger sur la prise en compte des spécificités locales et sur l'analyse des déterminants socio-culturels des populations dans la réponse humanitaire* »[18] et affirmé, d'autre part le besoin de prendre davantage en compte le soutien psychosocial. L'exemple d'activités psychosociales menées

---

[17] Bangladesh, braver les tempêtes, Croix Rouge Française, [Consulté le 23/07/2015], Disponible sur http://www.croix rouge.fr/Actualites/Catastrophes-silencieuses/Bangladesh braver-les-tempêtes/

[18] Actes de la Conférence Nationale Humanitaire (CNH) 2014, Ministère des Affaires Étrangères et du Développement International, Paris, [Consulté le 23/07/2015], Disponible sur http://www.diplomatie.gouv.fr/fr/politique-etrangere-de-la-france/action-humanitaire-d-urgence/

par la Croix-Rouge française dès les premiers jours après le séisme de 2010 en Haïti a été repris : des cellules d'écoute communautaire ont été mises en place dès la phase de première urgence et des équipes de soutien psychosocial se sont installées sur les principales places des villes et villages pour accueillir les enfants et les familles. Ces initiatives avaient pour objectif de promouvoir la résilience, le bien-être émotionnel et la cohésion sociale de la communauté haïtienne. Cette expérience concluante a été reconduite au Nord du Burkina Faso dans le cadre de l'arrivée massive de réfugiés maliens en 2012 avec la construction de trois centres d'écoute, au sein même des centres de santé, dans les camps de réfugiés. Ces centres d'écoute ont permis de prendre en charge les traumatismes des populations réfugiées et d'œuvrer à la fois à l'amélioration du vivre-ensemble des communautés réfugiées et de leurs hôtes, à travers des accompagnements individuels et collectifs.

Toutefois, les freins au développement de l'approche psychosociale sont nombreux. En effet, il apparaît complexe d'intégrer cette approche, dans les projets dits d'urgence, dans les pays où les droits fondamentaux sont bafoués. L'approche nécessite d'être expliquée et comprise par les populations, la société civile et le gouvernement car ceux-ci ne comprennent pas toujours ce qu'elle peut leur apporter. De plus, des codages culturels peuvent se heurter à la démarche psychosociale et faire naître une stigmatisation des populations cibles si celles-ci sont perçues comme porteuses de difficultés. Des actions de sensibilisation doivent parfois être nécessaires, en amont de la mise en place des activités psychosociales, pour prévenir les phénomènes de stigmatisation des populations.

De manière générale, les acteurs de la solidarité internationale (ONG, bailleurs de fonds, Etats) ne sont pas toujours convaincus du bien-fondé de la démarche psychosociale. Un responsable d'une agence de coopération internationale soulève la difficulté rencontrée avec les décideurs des états qui ne perçoivent pas forcément l'intérêt de la démarche et sont soucieux que les financements soient bien utilisés selon leurs critères. Concrètement, ces états vont préférer financer la construction d'un hôpital ou le placement d'un satellite permettant de relier des milliers de personnes au téléphone mobile (ce qui permettra d'afficher un résultat concret) à la mise en place d'un programme psychosocial difficilement évaluable à court terme.

L'inclusion d'un volet psychosocial dans un contexte d'urgence soulève un grand nombre de questions : Comment agir vite dans l'urgence tout en tenant compte des blessures psychologiques et des effets de la crise pour garantir l'inclusion du soutien psychosocial ? Comment sauver des vies mais aussi renforcer la résilience des individus, des familles et des communautés ? Comment travailler sur des approches psychosociales à long terme alors que des problèmes sécuritaires et d'incertitude peuvent être forts ? Un contexte d'urgence soulève différents freins à l'intégration de l'approche psychosociale. Pourtant, si des activités psychosociales sont proposées suffisamment tôt dans la phase d'urgence, elles peuvent contribuer au bien-être de la population cible et s'inscrire dans les programmes de réhabilitation et de développement qui suivront.

La phase de réhabilitation intervient suite à la phase d'urgence, on parle aussi de phase de reconstruction ou encore de phase post-crise. La réhabilitation peut contribuer à assurer la continuité du processus qui va de la sortie de crises graves à la reprise du développement, si un certain nombre d'éléments essentiels sont réunis lors de la période de transition. Notamment l'existence d'un niveau minimum de sécurité et le début d'un processus de transition qui respecte les valeurs démocratiques et les libertés fondamentales. Cette phase peut être définie comme « *une stratégie globale, dynamique et intermédiaire de réforme et de renforcement institutionnels, de reconstruction et d'amélioration des infrastructures et des services, appuyant les initiatives et les actions* *des populations concernées dans les domaines politique, économique et social et visant à la reprise d'un développement durable »*[19]. OCHA définit la réhabilitation comme *« la notion de transition au cours de laquelle la vulnérabilité extrême commence à s'atténuer, donnant lieu à une réduction de l'aide internationale nécessaire à la survie des populations touchées et à une augmentation des activités de relèvement rapide et de réhabilitation »*[20].

La situation politique instable qui caractérise les situations post-crise peut être un frein à l'intégration de l'approche psychosociale si l'articulation des projets avec les politiques publiques ne peut s'opérer. Pourtant, des activités psychosociales peuvent accompagner la gestion de la post-crise et favoriser la résilience. Globalement, la résilience aux catastrophes est la capacité des communautés à faire face aux chocs ou à un stress sans compromettre leurs perspectives de développement à long terme. Selon le Haut Commissariat des Nations-Unies aux Réfugiés (UNHCR), la crise syrienne a entraîné l'exil de plus de 4 millions de réfugiés vers les pays voisins et vers l'Europe, principalement au Liban et en

---

[19] Commission Européenne, Les liens entre l'aide d'urgence, la réhabilitation et le développement, [Consulté le 23/07/2015], Disponible sur http://ec.europa.eu/
[20] OCHA, La phase de transition d'une crise humanitaire, [Consulté le 23/07/2015], Disponible sur https://docs.unocha.org/

Jordanie, exacerbant les vulnérabilités existantes de ces pays. Cet afflux massif a des répercussions économiques immédiates pour les populations hôtes. En effet, dans les deux pays, la situation de surexploitation des ressources économiques et de saturation des services publics locaux fait craindre une augmentation des tensions communautaires accentuées par la perception que l'aide internationale est destinée majoritairement aux réfugiés.

Les conflits armés chroniques dont les réfugiés syriens ont souffert, associés à l'instabilité économique et sociale de leur milieu d'arrivée, affectent considérablement l'équilibre social et émotionnel des populations hôtes et réfugiées. Pour participer à l'amélioration des conditions de vie des réfugiés syriens et de leurs communautés d'accueil, des projets incluant une forte composante psychosociale ont été initiés par différentes ONG. Pour exemple, au Liban, ASMAE[21] a mis en œuvre un projet qui vise à appuyer les services d'éducation et de la jeunesse, à travers des activités de soutien scolaire, de groupes de paroles pour les élèves libanais et syriens dans le but d'endiguer l'échec scolaire. Ces activités sont complétées par un dispositif d'accompagnement social pour ces élèves, leurs familles et les acteurs éducatifs, afin de

---

[21] Association Sœur Emmanuelle

mieux les préparer à faire face à la nouvelle situation, d'apaiser les tensions entre les populations et de traiter les problématiques psychosociales des familles réfugiées. Pour autre exemple, le projet de PU-AMI[22] dans les camps de réfugiés syriens en Jordanie, vise à renforcer les infrastructures scolaires par l'amélioration de l'environnement éducatif et social des écoles. La réhabilitation est complétée par la sensibilisation des instituteurs aux formes de violences auxquelles les enfants peuvent être confrontés, ainsi qu'à leur formation à la détection de troubles psychosociaux (mal être individuel, comportements violents, etc). PU-AMI met également en place des activités psychosociales à destination des élèves des écoles et de leurs parents, de manière à favoriser l'expression des émotions.

La phase de développement s'inscrit dans un processus global d'amélioration des conditions de vie d'une communauté sur les plans économique, social, culturel ou politique. Les projets de développement s'inscrivent généralement dans le long terme et répondent aux Objectifs du Millénaire pour le Développement[23]. Les objectifs du millénaire pour le développement (OMD,

---

[22] Première Urgence-Aide Médicale Internationale
[23] Éliminer la pauvreté, objectifs du Millénaire pour le Développement et l'après 2015, [Consulté le 15/08/2015], Disponible sur http://www.un.org/fr/millenniumgoals/bkgd.shtml

Millennium Development Goals) sont les huit objectifs adoptés en 2000 à New York avec la Déclaration du millénaire de l'Organisation des Nations-Unies par 193 États membres de l'ONU et 23 organisations internationales, qui ont convenu de les atteindre pour 2015. Ces objectifs recouvrent de grands enjeux humanitaires : la réduction de l'extrême pauvreté et de la mortalité infantile, la lutte contre plusieurs épidémies dont le SIDA, l'accès à l'éducation, l'égalité des sexes, et l'application du développement durable. Au Sommet sur le développement durable, le 25 Septembre 2015, les États membres de l'ONU ont adopté un nouveau programme de développement durable (basé sur les 8 objectifs du millénaire pour le développement) comprenant un ensemble de 17 objectifs mondiaux, pour mettre fin à la pauvreté, lutter contre les inégalités et l'injustice et faire face au changement climatique d'ici à 2030.

Prenons pour exemple la lutte contre la malnutrition dans les projets de développement et la situation du Niger, du Liberia et de l'Afghanistan pour illustrer ce que représente la malnutrition :

● Niger, été 2005 : les principaux cas de malnutrition rencontrés sont essentiellement dus à une carence majeure en apport alimentaire, du fait de la prolongation de la sécheresse et de l'invasion des zones cultivables par des criquets, ces deux causes ayant conduit à des récoltes largement insuffisantes.

• Liberia, 2004-2005 : les taux de malnutrition sont importants, surtout dans les zones urbaines. Le principal problème identifié tient essentiellement à des pratiques de soins inadaptées, dont les causes sont multiples. Les mères ne sont pas en mesure de fournir à leur enfant des soins efficaces, du fait d'un déficit cognitif, de troubles post-traumatiques, d'une relation pathologique avec l'enfant, etc.

• Afghanistan, 2002-2005 : si les carences alimentaires jouent un rôle important dans la malnutrition présente dans ce pays, il a été constaté que beaucoup d'enfants refusaient les soins qui leur étaient prodigués, du fait d'un traumatisme psychologique important.

Ces quelques exemples montrent qu'une approche purement alimentaire de la malnutrition ne saurait être suffisante, la plupart des acteurs internationaux de lutte contre la malnutrition ont dû adapter leur prise en charge en développant des programmes de soutien psychosocial parallèles. L'OMS met en avant le bien-être psychosocial des enfants en situation de pénurie alimentaire sévère et établit que la concomitance de la malnutrition et du manque de stimulation psychosociale est particulièrement néfaste. L'amélioration du statut nutritionnel donne de meilleurs résultats, sur le plan du développement et de la récupération de l'enfant, si elle s'accompagne d'une stimulation psychosociale. Par ailleurs, dans les pays en développement, d'autres causes de la malnutrition infantile ont été identifiées, telles que : la déstructuration familiale, l'alcoolisme, la surcharge du travail des femmes, les mariages précoces, l'arrêt précoce de l'allaitement.

Selon cette analyse, Action Contre la Faim (ACF) inclut, dans ses projets de nutrition, *« le renforcement des pratiques de soins infantiles tenant compte de la relation parents-enfants »*24, ce qui permet l'épanouissement physique et psychique de l'enfant. En Éthiopie, les sécheresses à répétition exposent une partie importante de la population à une insécurité alimentaire préoccupante, l'ONG y poursuit ses activités de sécurité alimentaire auprès des populations locales, notamment le soutien psychosocial auprès des femmes enceintes et allaitantes. ACF a mis en place des formations sur la relation mère-enfant pour les équipes des centres nutritionnels, ainsi que des sensibilisations communautaires sur les

---

[24] Histoires de Psy, histoires de soins, [Consulté le 15/08/2015], Disponible sur http://www.actioncontrelafaim.org/fr/histoires-de-psy-histoires-de-soins-dix-ans-d-experience-en-sante-mentale

risques liés à l'alcool, en particulier le syndrome alcoolique fœtal.

La relation urgence-réhabilitation-développement reste une difficulté méthodologique et opérationnelle majeure, d'une part parce que les programmes d'aide humanitaire sont de nature différente et d'autre part, car la finalité de l'action, les mandats, les savoirs-faire et les objectifs sont distincts. De même, les instruments et les méthodes de travail diffèrent sur de nombreux points selon les programmes (lien avec les partenaires, rôle des autorités nationales, etc.). L'aide d'urgence est mobilisée pour porter secours aux populations touchées, les activités de réhabilitation sont ensuite mises en place jusqu'à ce que la reprise des programmes de développement devienne possible. Or les crises n'évoluent que très rarement de façon linéaire et depuis quelques années, la complexification des crises oblige à dépasser la dichotomie classique entre urgence et développement. De ce fait, pour assurer la continuité et la cohérence des actions dans le soutien psychosocial aux populations, le lien entre l'urgence, la réhabilitation et le développement nécessite l'intégration des activités psychosociales dès le début de la crise et tout au long de ces phases, de leur conception à la capitalisation d'expérience.

Au regard de ce cadre conceptuel et de ses

prérequis, il convient de s'interroger davantage sur la contribution des interventions psychosociales, à savoir comment les acteurs de la solidarité internationale peuvent intégrer la composante psychosociale dans les projets et dans quelle mesure évaluer la pertinence de cette composante pour le bien-être des populations.

B. <u>La contribution des interventions psychosociales au bien-être des populations : une stratégie d'intégration efficiente</u>

1. Le positionnement des acteurs face à la réalité de la détresse psychosociale : entre adhésion et résistance

L'émergence de l'approche psychosociale ces dernières années nous conduit à nous interroger sur le positionnement des acteurs humanitaires en la matière. Les déclarations des agences onusiennes, au premier rang desquels l'OMS, ont laissé croire à un engagement important de la part de la communauté internationale, qui contraste pourtant avec la faiblesse des actions psychosociales mises en œuvre. Au début des années 2000, semble s'annoncer un tournant, avec la publication d'un guide de bonnes pratiques en santé mentale et soutien psychosocial par l'OMS et l'UNHCR[25]. En 2007, le Comité Permanent Inter-organisations (CPI), créé par l'Assemblée Générale des Nations-Unies, a établi des directives concernant la santé mentale et le

---

[25] Évaluation des besoins et ressources en santé mentale et soutien psychosocial, OMS, Genève, 2012, [Consulté le 15/08/2015], Disponible sur : www.who.int/iris/bitstream/10665/97944/1/9789242548 53

soutien psychosocial dans les situations d'urgence[26]. Parmi ces directives, on trouve :

• Intégrer les activités de santé mentale et de soutien psychosocial aux politiques, plans et programmes nationaux et s'assurer que les programmes mettent en œuvre ces politiques ;

• Actualiser les politiques et les législations des services de santé en y intégrant la santé mentale et le soutien psychosocial ;

• Fournir des dispositifs de soutien nécessaires pour favoriser la scolarisation et prévenir l'abandon scolaire ;

• Lancer des campagnes d'information sur le soutien à apporter aux personnes souffrant de problèmes mentaux et psychosociaux. Examiner et évaluer régulièrement les aspects sociaux de la fourniture de l'eau et de l'assainissement ;

• Renforcer les capacités des communautés et de l'administration publique en matière d'intégration des aspects sociaux à la fourniture de logements des sites d'installation sur le long terme.
Les directives donnent des exemples tirés du Liberia et du Timor oriental. La protection de

---

[26] CPI, op. Cit., p 33

la vie privée, par exemple, a été accrue grâce à des abris construits à un angle les uns des autres, de sorte qu'aucune porte d'entrée ne se trouve en face de l'autre. Des points d'eau et des latrines ont été disposés à proximité, de manière à ce qu'ils soient visibles depuis les zones communes, ce qui permet de prévenir le risque de violence basée sur le sexe.

L'ensemble de ces dispositions illustre le consensus existant en matière de prise en charge psychosociale dans les différents domaines d'intervention (santé, éducation, eau et assainissement, logement). Néanmoins, elles restent difficiles à traduire dans les faits, car il existe des freins au développement de l'approche psychosociale.

Tout d'abord, la méconnaissance de la thématique peut participer au blocage de l'intégration du soutien psychosocial au sein des projets : peu d'acteurs humanitaires ont une formation ou même une sensibilisation aux métiers de l'action sociale et de la psychologie.

De plus, l'absence de proximité des institutions avec les bénéficiaires ne permet pas de prendre conscience des besoins psychosociaux et des incapacités qu'ils entraînent. On peut considérer que les personnes qui travaillent sur le terrain peuvent être plus sensibles à l'approche psychosociale que celles qui ont un parcours professionnel en gestion ou qui occupent des fonctions supports, à partir du siège d'une institution. En cela, nous rejoignons le constat de Joan Tronto, qui affirme que « *Souvent, dans les bureaucraties, ceux qui déterminent de quelle manière il sera pourvu aux besoins sont très éloignés des conditions effectives de distribution et de réception du soin et, en conséquence, ils peuvent ne pas proposer des soins de qualité* »[27].

En outre, il apparaît que l'absence d'une vision systémique des problèmes à traiter enraye la prise en compte globale de la situation. Pour premier exemple, dans les nombreux projets mis en œuvre pour la lutte contre les violences sexuelles faites aux femmes au Kivu en RDC, les hommes ne sont pas pris en compte. Alors que nombre d'entre eux ont assisté au viol de leur femme ou de leur fille et que leur vécu traumatique a des conséquences désastreuses dans leur vie familiale, sociale et économique. Dans l'émission « Priorité Santé » sur RFI, le Docteur MUKWEGE insiste sur le travail à faire autour de la prise en charge des victimes indirectes de ces viols et notamment des maris qui sont témoins du viol de leur femme, « *ces hommes sont également traumatisés et ont besoin d'une aide psychosociale pour les*

---

[27] Joan TRONTO, Un monde vulnérable. Pour une politique du care, Paris, La découverte, 2009, p 151

soutenir »[28], dit-il. Pour autre exemple, l'ONG Terre des Hommes intervient en Palestine dans le cadre d'un projet de lutte contre le travail des enfants. Les travailleurs sociaux se sont rendus compte, dans leurs activités concernant les enfants, que pour que ceux-ci adhèrent aux activités proposées, il fallait que leurs pères soient impliqués. Depuis, l'ONG intègre dans son projet la place des pères, afin d'améliorer les résultats de la prise en charge des enfants.

Par ailleurs, les problématiques psychosociales peuvent être difficiles à expliquer aux autorités locales d'un pays et mal perçues au risque d'une stigmatisation de la population. Dans un rapport d'activités de l'UNICEF, un responsable de projet en Inde explique qu'il a été très compliqué d'aborder, avec un responsable des autorités locales, les problèmes psychosociaux des enfants, suite aux inondations et aux glissements de terrain, dus à la mousson, dans le nord du pays en 2013. Les autorités locales ne voyaient pas l'intérêt de mettre en place une cellule psychosociale, au profit des enfants et des familles traumatisés par la perte de leurs biens. Ils considéraient que les enfants étaient habitués à ce type de catastrophe naturelle et qu'ils n'avaient pas besoin d'espace de

---

[28] Émission « Priorité santé », RFI, Les violences faites aux femmes, du 22 Novembre 2013, [Écoutée le 17/08/2015], Disponible sur http://wwww.rfi.fr/emission/20131122-1-violences faites-femmes/

paroles et de soutien psychosocial. Ce qui démontre que les activités psychosociales ne peuvent être initiées sans garantir, en amont, des actions de sensibilisation qui viendront convaincre du bien-fondé de l'approche, en complémentarité d'autres actions. De plus, ces actions de sensibilisation doivent être cadrées et assurées par des personnes compétentes, ce qui nécessite la formation des intervenants psychosociaux. Or, sur les terrains d'intervention, peu de personnes sont formées à l'action sociale et à la psychologie, ce qui peut faire obstacle à l'intégration de l'approche psychosociale dans les projets, faute de ressources suffisantes pour assurer ces formations. En outre, si l'action sociale comme la psychologie sont des notions très occidentales, la terminologie « psychosociale » n'est apparue dans les pays du Nord que très récemment. En France, par exemple, la prise en charge psychosociale des personnes vivant avec le Vih/Sida est relativement récente. Depuis le début des années 2000 seulement, la prise en charge médicale ne se conçoit plus sans la prise en compte du bien-être psychologique et social du patient. Il s'agit donc de réfléchir, avec les acteurs locaux, à la manière dont les activités psychosociales peuvent être comprises et introduites dans les projets.

Une autre des raisons pouvant expliquer la faible prise en compte de la composante psychosociale, dans les projets humanitaires, est qu'elle peut être considérée comme un élément compassionnel et diffus. Alors qu'il ne s'agit pas d'envisager l'approche sous un angle d'assistance, mais de l'inscrire dans une vision transversale et pérenne pour une meilleure prise en compte des besoins essentiels des populations, quel que soit le champ d'action (santé, nutrition, développement économique, promotion culturelle, etc.).

Enfin, la santé mentale et le soutien psychosocial ne sont pas considérés comme des secteurs prioritaires de santé publique et de ce fait, peu de financements sont accordés à des projets psychosociaux. Selon Mark VAN OMMEREN, responsable de la santé mentale dans les situations d'urgence au sein du Département Santé de l'OMS, *« peu d'argent est consacré à la santé mentale aujourd'hui et, si tel est le cas, les institutions qui investissent dans ce domaine le font pour des questions de visibilité »*[29]. On peut penser que la composante psychosociale, intégrée dans un projet, apparaît futile aux yeux des financeurs parce qu'elle n'est pas palpable (contrairement à la nature tangible d'une infrastructure) et que cette composante peut

---

[29] Jeanne Milleliri et Thierry Liscia, « La prise en compte du traumatisme psychologique des populations, Quelles modalités d'intervention pour l'Agence Française de Développement (AFD) dans les États en post-conflit ? », Éditions universitaires européennes, 2013, p. 72

complexifier le projet. Pourtant, l'analyse des expériences montre que l'intégration de la dimension psychosociale tend à fluidifier les situations et appuyer les activités dans lesquelles elles s'inscrivent plutôt qu'à les alourdir. De plus, les projets psychosociaux sont peu coûteux dans leur mise en œuvre car ils s'appuient sur les ressources locales et ne nécessitent pas d'investissement matériel, ni de dépense d'infrastructure, lesquelles sont souvent les composantes les plus onéreuses des projets.

Dans son programme d'action « Combler les lacunes en santé mentale »[30], l'OMS révèle que, dans les situations de crises, 60% des personnes s'en sortent sur la base de leurs propres ressources tandis que 10% des personnes auront besoin de soins thérapeutiques ou psychiatriques. Entre les deux, 30% sont susceptibles de développer des troubles psychiques (voire des dépressions) et des problématiques addictives (alcool, drogue) et comportementales (violence). Ainsi, on peut considérer que la recherche du bien-être des populations, à travers le soutien psychosocial, est bien un enjeu de santé publique.

D'autres agences onusiennes se sont

---

[30] Programme d'action : Combler les lacunes en santé mentale, Élargir l'accès aux soins pour lutter contre les troubles mentaux, neurologiques et liés à l'utilisation de substances psychoactives, 2008, [Consulté le 16/08/2015], Disponible sur : http://www.who.int/mental_health/mhgap

positionnées, mais seulement très récemment, sur les bénéfices de l'approche psychosociale. Le Haut Commissariat aux Réfugiés (HCR) a publié des directives en matière de soutien psychosocial auprès des réfugiés qu'en 2012[31]. L'UNICEF ne dispose pas de guidelines en matière de soutien psychosocial et le positionnement de l'agence apparaît flou au regard du peu de visibilité faite à cette composante sur le site internet de l'organisation. Malgré tout, l'UNICEF intègre l'approche psychosociale dans un certain nombre de ses programmes, notamment auprès des enfants dans les camps de réfugiés. Pour exemple, l'UNICEF appuie l'ONG Save the Children en Jordanie, dans trois centres d'accueil où les enfants d'un camp de réfugiés syriens peuvent apprendre à lire, à écrire et à compter, apprendre un métier ou simplement jouer et s'amuser.

Quant au positionnement des bailleurs de fonds face à l'approche psychosociale, il reste, à l'heure actuelle, mal défini ou peu visible. L'étude de l'AFD sur la prise en compte du traumatisme psychologique des populations, fait apparaître la vision de certains bailleurs de fonds sur les pratiques psychosociales[32].

---

[31] Santé mentale et soutien psychosocial, Directives opérationnelles pour la programmation des opérations auprès des réfugiés, UNHCR, 2012, [Consulté le 16/08/2015], Disponible sur unhcr.fr/52fccfc79.pdf
[32] Jeanne Milleliri et Thierry Liscia, op.cit p 76

Ainsi, la Banque mondiale et DFID[33] ont fait de la prise en compte de la dimension psychosociale une nécessité, du fait des liens établis entre développement et troubles psychosociaux. La Banque mondiale semble particulièrement active sur l'approche psychosociale, comme le suggère une publication présentant un ensemble d'outils pour l'intégration des interventions psychosociales et de santé mentale dans les opérations de prêt de la Banque mondiale[34]. L'institution démontre qu'ignorer les troubles psychosociaux des populations, qui ont subi des violences de masse, entravera les efforts réalisés pour améliorer le capital social, promouvoir le développement humain et diminuer la pauvreté. Selon elle, *« Un des facteurs économiques majeur qui affecte le développement des sociétés en conflit et des sociétés ayant fait l'objet de catastrophes naturelles est la santé mentale des citoyens »*. La Banque Mondiale finance un projet de prévention et de lutte contre les violences sexuelles et sexistes au Nord-Kivu et au Sud-Kivu. Récemment, une délégation de la Banque Mondiale a fait un voyage d'étude en République Démocratique du Congo dont les objectifs étaient de tirer des enseignements

---

[33] DFID-UK Department for International Development
[34] Florence BAINGANA, ed., *Mental health and Conflicts : Conceptual Framework & Approaches*, HNP Discussion Paper, 2005, [Consulté le 16/08/2015], Disponible sur http://www. wds.worldbank.org/

des programmes en cours et de lancer officiellement la Plateforme globale de lutte contre les violences sexuelles et sexistes. A la fin du voyage d'étude, un membre de la délégation affirme « *La principale chose que j'en ai retirée, ce sont les systèmes d'aiguillage des patients qui ont été mis en place en RDC et la généralisation de l'approche psychosociale dans tous les programmes. Je vais tout faire pour que ces approches soient adoptées au Népal, pour fournir des services de qualité aux femmes, aux hommes et aux enfants qui sont victimes de ces violences* ».

De même, pour DFID, il existerait un lien entre pauvreté et santé mentale, dans le sens où la mauvaise santé mentale d'une population entraînerait plus de pauvreté dans le pays. De plus, selon l'argumentaire développé par DFID, « *les désordres psychosociaux influencent le développement, le progrès et les maladies infectieuses comme le Vih/Sida* ».[35] C'est pourquoi l'institution encourage le développement des services de santé mentale et des activités psychosociales. Pour exemple, elle contribue au financement du fonds commun de lutte contre le Vih/Sida en Tanzanie et finance un projet psychosocial destiné à garantir un meilleur accès à

---

[35] Article « Mental health in family medicine » Rachel JENKINS, 2011 [Consulté le 17/08/2015], http://www.ncbi.nlm.nih.gov/pmc/articles/PMC3178192/

l'éducation pour les enfants malades et marginalisés.

Pour valoriser leurs actions psychosociales, certains bailleurs de fonds font le lien entre santé mentale et processus de reconstruction/réconciliation en sortie de catastrophe naturelle ou de conflit. Ainsi la GTZ et la KFW[36] financent des actions cherchant à développer les capacités des personnes à s'entraider et/ou à se réconcilier suite à une crise humanitaire. Des programmes ont été menés dans ce sens en Sierra Leone à la fin de la guerre civile en 2002 et après le tremblement de terre au Salvador en 2001.

La DDC (Direction du Développement et de la Coopération suisse) semble être un des bailleurs les plus impliqués dans l'approche psychosociale. Un manuel sur l'approche a été élaboré[37] et vise à aider les bureaux locaux à introduire la composante psychosociale dans les programmes que la DDC finance. Pour exemple, la DDC soutient au Sud-Kivu, ainsi qu'au Burundi et au Rwanda voisins, un programme de prise en charge intégrée des victimes de violence sexuelle. Cette prise en charge se traduit par une approche psychosociale communautaire

---

[36]Deutsche Gesellschaft für Technische Zusammenarbeit (GTZ) et Kreditanstalt für Wiederauf (KFW) sont des bailleurs de fonds allemands

[37] Direction du Développement et de la Coopération, « Genre, transformation des conflits et approche psychosociale », 2006

qui intègre les familles et les voisins des victimes dans le processus de gestion du traumatisme et de guérison. USAID[38] a bien investi l'approche psychosociale en mettant elle aussi l'accent sur l'importance de la dimension communautaire et en intégrant dans ses programmes les questions religieuses, culturelles et liées au genre[39]. Pour exemple, en République Démocratique du Congo, USAID soutient le processus de réinsertion des personnes associées aux groupes armés, y compris les anciens combattants, les femmes et les enfants, à travers des actions psychosociales.

Quant à EuropeAid et ECHO, les directions générales de la Commission Européenne n'ont pas établi de documents de référence spécifique à l'approche psychosociale, mais ECHO a émis un certain nombre de recommandations visant à faire office de références techniques pour la coordination et l'évaluation des activités de santé mentale et de soutien psychosocial[40]. Cependant, ces

---

[38]L'Agence des États-Unis pour le développement international (United States Agency for International Development/USAID)

[39]USAID, Lignes directrices pour les secours d'urgence, Octobre 2012, [Consulté le 16/08/2015], https://www.usaid.gov/sites/default/files/documents/1866/guidelines_french.pdf

[40] ECHO, Commission Européenne, Lignes directrices concernant la santé des populations touchées par des crises, [Consulté le 16/08/2015], Disponible sur http://ec.europa.eu/echo/files/policies/sectoral/health_links01.pdf

bailleurs financent des projets intégrant la composante psychosociale. Pour exemple, EuropeAid soutient un programme d'assistance médicale et psychosociale aux migrants dans la région d'Agadez au Niger, mis en œuvre par la Croix-Rouge française. Pour autre exemple, ECHO finance un projet de Terre des Hommes, au Bangladesh, pour améliorer la santé des femmes et des enfants et préparer les populations locales à affronter les catastrophes naturelles, avec comme support des activités psychosociales.

Enfin, l'AFD introduit des composantes psychosociales dans ses projets depuis 2010 et adopte un positionnement qui consiste à traiter les traumatismes par l'intégration de volets psychosociaux pour contribuer à l'amélioration du bien-être et de la cohésion sociale des populations touchées par les crises. L'agence considère que *« favoriser la reconstruction du lien social dans les sociétés fragilisées et bien souvent divisées, est une condition importante de la pleine réussite des projets de développement »*[41]. Entre autres projets, l'AFD soutient le programme Réponse d'urgence à Bangui (RUBAN) de la Croix-Rouge française. Ce projet inclut un volet important de soutien psychosocial et d'actions de cohésion sociale en direction des

---

[41] Publication AFD, « Agir face aux situations de fragilité, de crises et de violence », 2012, [Consulté le 16/08/2015], Disponible sur
http://www.afd.fr/home/projets_afd/crises-et-conflits

personnes les plus vulnérables (femmes enceintes, mères allaitantes, enfants de moins de 5 ans). En Côte d'Ivoire, une composante psychosociale est intégrée au projet de renforcement du système de santé, mené en partenariat avec quatre ONG françaises et internationales et l'agence européenne ECHO. Ce programme contribue au travail de réconciliation entre communautés divisées suite à la crise politico-militaire en 2010-2011. Si se nourrir, s'abriter et avoir accès aux soins comptent parmi les besoins vitaux de chaque individu, bâtir un équilibre psychologique et construire des relations sociales harmonieuses sont donc tout aussi indispensables au développement. Ce sont les ONG qui se sont aperçues que certains programmes de développement échouaient ou avaient des effets limités, en raison du manque de soutien psychosocial des bénéficiaires. Soucieuses de prendre en compte les conséquences humaines des conflits et des catastrophes naturelles, selon la diversité de leur champ d'action, les ONG apparaissent être les principaux acteurs de l'élaboration et de la mise en œuvre des activités de soutien psychosocial.

Médecins du Monde (MDM) a choisi, il y a quelques années, un slogan éloquent qui illustrait sa volonté d'action dans le domaine de la santé mentale et du psychosocial, à savoir « *Nous soignons toutes les maladies même celles qui ne se voient pas* ». Même si MDM est avant tout une ONG médicale, elle reconnaît cependant l'importance du volet psychosocial et a intégré, depuis plusieurs années, la composante psychosociale dans l'ensemble de ses projets. Pour exemple, dans le cadre d'un programme de préparation des structures de soins aux situations d'urgence à Gaza, l'ONG met en place des activités psychosociales pour soutenir les populations vulnérables à la violence liée au conflit. Face aux résultats positifs de l'approche pilote mise en œuvre en 2012 et aux besoins grandissants, le projet a été étendu en 2013 à 18 villages en Palestine, pour renforcer les capacités de résilience des populations cibles. Médecins sans Frontières (MSF) est également positionnée dans le domaine médical, aussi ses activités psychosociales s'intègrent-elles dans des programmes de santé. En Arménie, par exemple, l'ONG qui intervenait dans un hôpital psychiatrique de Sevan jusqu'en 2007, avait complété ses activités médicales par des activités psychosociales pour améliorer les conditions de vie des patients et l'accompagnement des familles. Plus récemment, MSF a considéré que le soutien psychosocial était un volet essentiel dans la réponse à Ebola. Ainsi, en parallèle de ses activités médicales, l'ONG apporte un soutien psychosocial aux personnes touchées par l'épidémie et à leurs familles.

Action Contre la Faim (ACF) a mis en place une approche intégrée et globale qui relie l'état psychique et social et les problèmes de malnutrition depuis que l'ONG a évalué qu'un grand nombre de problèmes psychosociaux et affectifs entraînaient un impact sur la nutrition. En 2015, l'ONG a publié un document qui décrit l'impact psychosocial des crises sur les communautés, les familles et les enfants et qui encourage l'intégration de la dimension psychosociale dans ses programmes[42].

ACTED intègre, dans nombre de ses projets, un volet psychosocial. Pour exemple, en 2015, l'ONG travaille avec le HCR à Bamako pour venir en aide aux nombreux réfugiés centrafricains, dans le cadre d'un appui multisectoriel, pour leur faciliter l'accès aux soins, à l'éducation, à des activités économiques et leur proposer un soutien psychosocial en appui aux différentes activités. Enfin, Handicap International (HI), à l'origine spécialisée sur la thématique du handicap, a développé une approche globale de santé mentale et de soutien psychosocial comme une composante transversale essentielle dans l'ensemble de ses projets. Dans son approche, HI s'appuie sur trois théories, qu'elle intègre dans ses interventions : la psychologie sociale et clinique, la socio-

---

[42] ACF, « L'impact psychosocial des crises humanitaires », 2015, [Consulté le 16/08/2015], http://www.actioncontrelafaim.org/sites/default/files/pu blications/fichiers/acf_mhcp.pdf

anthropologie et le développement communautaire[43].

Le périmètre de ce mémoire ne permet pas une analyse exhaustive du positionnement de l'ensemble des acteurs humanitaires dans l'approche psychosociale, aussi des choix ont dû être faits pour limiter cet état des lieux, qui a été restreint aux ONG françaises par exemple. Toutefois, les éléments recueillis permettent de mettre en lumière le développement du soutien psychosocial et sa nécessaire intégration dans les projets mis en œuvre, quel que soit le champ d'action, pour garantir la pleine réussite des projets. Enfin, ce qui peut être considéré comme l'un des obstacles à l'intégration de l'approche psychosociale, notamment pour les ONG et les bailleurs de fonds, est l'évaluation des projets psychosociaux. En effet, il peut paraître complexe de mesurer les impacts des activités de soutien psychosocial sur les populations. Nous verrons, à travers le cycle de gestion de projet, que l'évaluation de ces activités permet de mesurer leur contribution à l'efficacité du projet dans sa globalité.

---

[43] Handicap International, Document cadre « Santé mentale en contexte de post-crise et de développement », Direction des Ressources Techniques, Avril 2011

2. L'efficacité des projets psychosociaux : de la nécessité à comprendre et à évaluer

Afin de comprendre la gestion du cycle d'un projet intégrant un volet psychosocial, il convient de rappeler la définition de quelques notions clefs. Avant tout, qu'est- ce qu'un projet ? Une des définitions générales les plus citées est celle donnée par Cleland et King : *« Un projet est un effort complexe pour atteindre un objectif spécifique, devant respecter un échéancier et un budget, et qui, typiquement, franchit des frontières organisationnelles, est unique et en général non répétitif dans l'organisation »*[44]. Dans le domaine de la coopération internationale et de l'aide au développement, ce qu'on appelle un « projet » est l'ensemble des actions qui vont permettre, dans un temps donné, avec des moyens donnés, de passer d'une situation problématique à une situation améliorée. La gestion de projet est une discipline permettant de diriger et de coordonner des ressources humaines et matérielles pour atteindre des objectifs prédéfinis de coût, de temps, de qualité et de satisfaction des bénéficiaires. Ses objectifs sont d'assurer la coordination des acteurs et des activités, dans un souci d'efficacité et d'efficience. Un projet doit définir

---

[44] Terre des Hommes, Manuel de cycle de projet, 2012, [Consulté le 18/08/2015]
http://www.tdh.ch/fr/documents/manuel-de-cycle-de-projet

un objectif général, des objectifs spécifiques, des activités, des moyens et des résultats attendus. On distingue trois phases dans la réalisation d'un projet[45] :

- La conception : c'est le diagnostic et l'analyse qui consistent à identifier une demande d'intervention, à faire une évaluation initiale et à mettre en place une stratégie d'intervention. La conception et la planification globale impliquent : l'identification des objectifs et des résultats, la programmation des activités, l'identification des ressources humaines et matérielles, la rédaction du document projet et l'élaboration du budget.
- L'exécution : c'est la mise en œuvre et le suivi qui consiste en la réalisation des activités et du monitoring (processus continu de vérification et de réévaluation des besoins).
- l'évaluation : c'est la réalisation de l'évaluation finale qui permet de mesurer les écarts et les imprévus du projet, afin de déterminer des recommandations pour la suite du projet.

La phase de conception d'un projet intégrant une composante psychosociale est cruciale et

---

[45] Bioforce, Formation à la gestion de projet, Préalables, Lyon, 2014

la compréhension du contexte dans lequel le projet va intervenir est fondamentale pour déterminer quels seront les besoins de la population cible. « *Le soin implique tout d'abord d'identifier un besoin. La prise en charge constitue l'étape suivante, elle implique d'assumer une certaine responsabilité par rapport à un besoin identifié et de déterminer la nature de la réponse à lui apporter* »[46]. Comme pour tout projet, le diagnostic devra permettre de recueillir des éléments sur l'environnement général, la démographie, la situation socio-économique, l'organisation administrative et politique, les systèmes éducatifs, le système sanitaire et social, la vie culturelle, religieuse et associative. Les outils, pour obtenir ces éléments d'informations, peuvent être : la collecte d'études existantes, les entretiens avec les acteurs locaux, les enquêtes, les réunions (focus groupe). L'analyse de ces données permettra d'identifier les besoins liés à la nature même du projet, ainsi que ceux plus spécifiques liés à la composante psychosociale, puis de les qualifier et de les quantifier. De plus, elle permettra de mieux connaître les représentations et les comportements de la population cible et d'évaluer ainsi par la suite l'impact des actions psychosociales mises en œuvre dans le projet. C'est pourquoi, dès la conception du

---

[46] Joan TRONTO, op.cit., p 148

projet, la proximité avec les bénéficiaires est essentielle. De plus, grâce à la mobilisation de la communauté et au renforcement des relations communautaires, la dépendance aux ressources extérieures se trouvera diminuée, ce qui peut favoriser par la suite la continuité et la pérennité du projet. Cette approche communautaire doit s'efforcer, autant que possible, d'impliquer la communauté dans la planification, la mise en œuvre, le suivi et l'évaluation des interventions psychosociales. Il s'agit d'une approche qui encourage la communauté cible à s'approprier les actions menées, à prendre des responsabilités et à agir pour la reconstruction de son territoire. Les liens entre les groupes sont importants dans le cadre de l'approche psychosociale, le groupe cible vit dans un réseau de relations sociales. De ce fait, il entretient des contacts avec certains groupes et se distancie d'autres. Il convient donc d'intégrer ces rapports parfois conflictuels, car ils peuvent revêtir une importance décisive pour atteindre le bien-être psychosocial du groupe donné. Pour exemple, dans un projet visant la réinsertion sociale et professionnelle d'anciens combattants dans l'est de la RDC, il convient que les activités proposées ciblent aussi le reste de la population et la société civile pour favoriser l'acceptation de la réintégration de ces anciens combattants dans la vie de la communauté. Pour autre exemple, l'arrivée massive des réfugiés syriens au Liban provoque des déséquilibres sociaux dans certaines zones du pays et crée des tensions entre la population hôte et les réfugiés. Ainsi, un projet psychosocial qui a pour bénéficiaires des réfugiés doit aussi prendre en compte les communautés d'accueil et les impliquer dans les activités afin de limiter les tensions et favoriser une coexistence pacifique.

La phase d'exécution d'un projet impliquant une composante psychosociale doit s'appuyer sur un cadre logique. Le cadre logique est un outil de conception et de conduite de projet visant à améliorer la conception, l'exécution et l'évaluation d'un projet. Il détermine un objectif global, un objectif spécifique, les activités à développer, les résultats attendus, les moyens pour y parvenir et des hypothèses. Il doit être réalisé avec la participation des acteurs et des bénéficiaires impliqués dans le projet et doit servir de référence tout au long des phases du projet. Les actions de suivi (monitoring) du projet garantiront que les activités psychosociales répondent aux besoins réels de la population cible.

Lorsqu'en 2003, un tremblement de terre a sévi dans la ville de Bam en Iran, le CICR a mis en place un programme psychosocial à la suite d'un diagnostic, en établissant le cadre logique suivant : **L'objectif général** de ce programme psychosocial était de : « Réduire la souffrance et les risques de développement d'un traumatisme sévère chez les personnes sinistrées et leur permettre de retrouver leurs capacités pour reconstruire leur vie », tandis que **l'objectif spécifique** du projet était d'« Étendre et renforcer le soutien psychosocial et les secours élémentaires aux survivants du tremblement de terre ». **Les résultats attendus** du projet étaient les suivants : « Les activités du programme de soutien psychosocial se sont étendues à plus de 20 000 personnes sinistrées à Bam et dans les villages alentour ; 200 nouveaux volontaires et membres du personnel sont formés au travail de soutien psychosocial ; 15 000 nouveaux enfants sont inscrits dans les établissements scolaires ; les activités de soutien psychosocial du programme sont intégrés dans les systèmes d'information du Croissant-Rouge iranien et dans la capacité d'intervention, en cas de catastrophe, du Croissant-Rouge iranien. Pour atteindre ces résultats, **les activités** suivantes ont été mises en œuvre : formation des bénévoles et volontaires du Croissant-Rouge iranien aux techniques et outils psychosociaux ; activités de dessins, jeux traditionnels, chant, activités physiques pour les enfants vivant dans les camps ; accompagnement psychosocial pour les femmes et les mères dans les camps. **Les indicateurs** du projet étaient les suivants : les bénéficiaires retrouvent la capacité de nouer des relations avec les autres au sein de la communauté et l'envie de travailler ; les enfants retrouvent l'envie et la capacité de jouer, de communiquer avec d'autres enfants et retournent à l'école ; un système d'information des activités psychosociales est établi et consulté par les personnels du Croissant-Rouge iranien. Enfin, **les hypothèses** du projet étaient : les ministères de l'Éducation et des Affaires sociales soutiennent le projet du CICR ; le Croissant-Rouge iranien développe d'excellents partenariats ; les directeurs d'établissements scolaires acceptent de fournir des statistiques d'inscription des enfants.

La phase d'évaluation d'un projet procède à l'analyse de la situation et à une estimation des conséquences probables de son intervention dans une situation. *L'évaluation est l'outil de l'ambition proprement humaine de « peser » le présent pour « penser » l'avenir.*[47] L'évaluation est réalisée, en continu, par les acteurs du programme. Elle peut être effectuée par un acteur interne à l'organisation mais externe au programme et peut aussi prendre la forme d'une évaluation externe, laquelle est réalisée par un acteur totalement externe à l'organisation et au programme. L'évaluation des activités psychosociales peut être une tâche difficile, car les processus psychologiques et sociaux sont complexes et mouvants selon le contexte et l'évolution de la crise. Il ne s'agit alors pas de s'appuyer sur

---

[47] Bioforce, Formation à la gestion de projet, Evaluation, Lyon, 2014

des considérations subjectives, pour estimer les résultats d'un projet, mais bien de les évaluer à partir de données quantitatives et qualitatives. À cette fin, divers outils s'avèrent être efficients tels que : l'enquête de satisfaction auprès des bénéficiaires, le tableau de bord de suivi des activités, la fiche de collecte de données, le rapport d'activités mensuels, l'atelier participatif, etc. Par ailleurs, un projet psychosocial passe par un travail interdisciplinaire, étant donné que les dimensions matérielles, techniques et psychosociales sont étroitement liées. De ce fait, tous les membres de l'équipe projet doivent disposer des informations nécessaires pour prétendre à une évaluation efficiente.

Entrepreneurs du Monde (EDM) a pour vocation de permettre à des populations d'avoir accès à un prêt, à l'épargne et à des formations pour créer ou consolider une activité économique, augmenter leurs revenus et améliorer ainsi leurs conditions de vie. A Haïti, l'ONG a mis en place un projet d'appui psychosocial qui apporte, à ses bénéficiaires, outre l'appui technique et financier, un accompagnement spécifique pour prévenir et limiter les risques liés à l'exclusion sociale et économique. Ce projet a pour objectif principal de favoriser les conditions de reprise d'une vie active grâce à une amélioration de la santé mentale, du bien-être et de la cohésion sociale des familles touchées par le séisme de 2010. Les activités psychosociales sont organisées autour de trois axes : sensibilisation et formation aux problématiques psychosociales des micro-entrepreneurs ; accompagnement individualisé des bénéficiaires et de leurs familles ; groupes de paroles. Pour EDM, le volet psychosocial est en phase et est complémentaire à l'approche de la micro-finance telle que définie par l'ONG[48]. Pour évaluer les impacts de l'appui psychosocial dans le projet à Haïti, EDM a recours à des études qualitatives et quantitatives pour mesurer la satisfaction des bénéficiaires. En 2014, l'évaluation montre que le taux de fidélité au programme des bénéficiaires est passé de 55% en fin d'année 2010 à 70% en fin d'année 2013.

La prise en considération de la composante psychosociale semble évoluer positivement, dans le sens où les acteurs, qui contribuent au développement économique et social des pays du Sud, s'efforcent de placer les populations au cœur des projets, en se posant la question de leur bien-être et de leurs capacités d'agir. Un certain nombre d'acteurs humanitaires, au fil des expériences et des évaluations des projets, a identifié le besoin d'intégrer cette approche psychosociale

---

[48] Le bien-être : socle du développement ? Conférence débat du 26 Mars 2013, AFD, [Consulté le 19/08/2015], Disponible sur http://www.afd.fr/

comme nécessaire à la réussite de leurs projets et ont ainsi développé des approches spécifiques intégrées et/ou globales. Ces différentes approches favorisent la capacité des communautés à vivre ensemble et à se projeter vers l'avenir, ce qui conditionne en grande partie la reconstruction du lien social dans les situations de crise.

II. La traduction de l'approche psychosociale au Rwanda

La première partie de ce mémoire nous a permis de mieux connaître le processus d'intégration de l'approche psychosociale dans les pratiques humanitaires et de démontrer en quoi elle pouvait contribuer à l'efficacité des projets mis en œuvre dans des zones de conflits et dans des pays marqués par des catastrophes naturelles. La deuxième partie de ce travail de recherche recentre cette approche sur des actions réalisées au Rwanda en présentant d'une part, un état des lieux des pratiques psychosociales dans le pays et en proposant, d'autre part, la présentation et l'évaluation d'un projet psychosocial mis en œuvre par une ONG française.

A. <u>Le contexte et les réponses au déséquilibre psychosocial</u>

1. L'histoire du génocide au Rwanda

Notre propos n'est pas de retracer l'histoire toute entière du Rwanda mais de dégager quelques éléments pouvant aider à la connaissance globale de la société rwandaise, pour une meilleure compréhension du génocide et des conséquences traumatiques sur la population.

Le Rwanda est un pays atypique en Afrique, c'est un petit pays très peuplé (aussi étendu qu'un département comme la Bretagne mais quatre fois plus peuplé, environ 26.000 km2 et 11,78 millions d'habitants). Son isolement au cœur du continent noir, sur des hauts plateaux volcaniques, lui a permis d'échapper, dans les temps anciens, à l'esclavagisme arabe et européen. Cela, en plus de la douceur du climat et de la fertilité du sol, explique une densité de population très élevée.

Les habitants appartiennent au même groupe de population, celui des Banyarwanda. La seule division qui traverse ce pays, mais elle est de taille, est sociale. Depuis des temps immémoriaux, les Banyarwanda sont divisés en trois groupes : les Tutsis, éleveurs de bétail qui composent la noblesse (environ 14% de la population du Rwanda en 1994) ; les Hutus, agriculteurs descendants des laboureurs (85% de la population) et les Twas qui seraient les derniers représentants de chasseurs pygmées, descendants des sylvicoles (1% de la population). C'est vers le Xe siècle que le Rwanda commence à se transformer en une véritable nation. Le Rwanda devient un royaume à la tête duquel vingt-cinq rois se succèdent entre 1081 et la colonisation. En 1894, une troupe allemande entre officiellement au Rwanda, le pays est ainsi le dernier pays en Afrique découvert et colonisé par les Européens.

En 1916, pendant la Première Guerre mondiale, les Belges chassent les Allemands du Rwanda et occupent à leur tour le pays. En 1919, le Traité de Versailles attribue le Rwanda à la Belgique et en 1922, la Belgique instaure un protectorat qui s'appuie sur la minorité Tutsi. Ce seraient les missionnaires et les colonisateurs d'abord allemands (1885-1916) puis belges (1916-1959) qui, par la volonté de gouverner selon la doctrine « diviser pour mieux régner », auraient transformé ces distinctions originelles en catégories ethniques et raciales. Selon la revue « L'histoire », « *Ils seraient ainsi à l'origine d'antagonismes qui n'existaient pas auparavant. Lors du recensement de 1934, l'autorité coloniale belge aurait étiqueté « Tutsi » tout homme possédant plus de dix vaches et « Hutu » tout homme possédant moins de dix vaches, l'ethnie se transmettant par filiation paternelle. Des critères morphologiques furent également déterminés entre Tutsi et Hutu* »[49].
En 1956, le Roi Rudahigwa, à qui les Belges ont confié le pouvoir en 1931, commence à

---

[49] Revue L'histoire, « Rwanda 1994, le génocide des Tutsi », mensuel n°396, janvier 2014

revendiquer l'indépendance du pays, il meurt dans des conditions mystérieuses et est remplacé par un autre souverain tutsi. Les colonisateurs belges, qui se sont appuyés jusque-là sur les Tutsis pour l'administration du royaume, s'inquiètent de leurs prétentions politiques. Les belges jugent l'indépendance prématurée et pour la différer, encouragent les revendications hutu. En 1957, un conflit éclate, les Hutus réclamant l'abolition des inégalités sociales et le partage du pouvoir. Des dizaines de milliers de Tutsis se réfugient dans les pays voisins (Ouganda, Congo, Burundi) et s'installent dans des camps. Le parti hutu triomphe et la monarchie est abolie le 1er juillet 1962, quand la Belgique accorde l'indépendance au Rwanda.

En 1963, les Tutsis exilés essayent de revenir sur le territoire rwandais par la force mais échouent. De nouveaux massacres sont commis par les Hutu contre les Tutsis vivant au Rwanda. En juillet 1973, à la suite d'une violente campagne anti-tutsi dans les institutions scolaires, une nouvelle vague de Tutsi prend le chemin de l'exil. La même année, un coup d'État dirigé par le général Juvénal Habyarimana, ministre de la Défense, renverse le pouvoir en place. Le président Habyarimana semble ne plus vouloir pratiquer la politique ethnique précédente qui empêchait les Tutsi d'accéder à des postes à responsabilité politique, mais il applique tout de même un système de quotas. Seules 10% des places dans les écoles, les universités et les emplois sont accordées aux Tutsi. Malgré sa dictature, il séduit les démocraties occidentales et l'aide internationale au développement se met en place au début des années 1990. Le Front Patriotique Rwandais (FPR), qui s'est formé dans les pays voisins par les exilés tutsi, lance une attaque dans le nord du pays mais la tentative d'invasion échoue avec l'intervention des troupes françaises et belges. En réponse à l'attaque du FPR, les autorités locales organisent des massacres de la population tutsi au nord-ouest du pays. Jusqu'en 1994, les offensives du FPR et les massacres des Tutsi au Rwanda se multiplient.

Le 6 avril 1994, le Président du Rwanda, Juvénal Habyarimana, est tué dans un attentat contre son avion personnel. Ses fidèles de la majorité hutu, des miliciens encadrés par les Forces Armées Rwandaises (FAR) entreprennent aussitôt le massacre de la minorité tutsi (10% de la population) et des Hutu modérés. Selon MSF, « *Les massacres perpétués d'Avril à Juillet 1994, ont lieu malgré la présence dans le pays, depuis plusieurs mois, de troupes des Nations-Unies. Malgré l'alerte des ONG et des journalistes sur place, la situation au Rwanda est qualifiée de crise humanitaire particulièrement grave »*[50]. Les États membres du Conseil de Sécurité des Nations-Unies tardent à qualifier de génocide l'extermination des Tutsi. Après dix semaines de massacres, l'ONU autorise l'intervention de l'armée française avec l'opération Turquoise, du 23 Juin au 21 Août 1994, qui sauve des vies mais facilite aussi le repli des FAR et des miliciens hutu vers le Congo. Après la prise de la capitale Kigali, le 04 Juillet 1994, le FPR s'empare du pouvoir et crée un gouvernement d'unité nationale, mais dominé par le parti. Au fur et à mesure de son entrée au Rwanda, le FPR, tout en protégeant les Tutsis rescapés, s'est également livré à des exactions et à des massacres. Après la mise en place du nouveau gouvernement, 32 militaires du FPR ont été jugés par des tribunaux militaires rwandais.

En trois mois, 800 000 personnes sont tuées selon l'Organisation de l'Unité Africaine et plus d'un million selon les autorités rwandaises[51]. D'après Pierre Erny, « *Après l'attaque de 1990 et surtout l'invasion de 1994, tout un passé ressurgissait, fait de peur, de rancœur et de haine : le Tutsi redevenait l'envahisseur d'autrefois revenu asservir un peuple qui avait réussi à s'en libérer. C'est là qu'il faut*

---

[50] Génocide des Rwandais Tutsis 1994, MSF, Prises de parole publiques, [Consulté le 07/09/2015], Disponible sur http://www.speakingout.msf.org/fr/genocide-des-rwandais-tutsis

[51] Organisation de l'Unité Africaine, « Rapport sur le génocide au Rwanda », 2000, [Consulté le 21/08/2015], Disponible sur http://www.operationspaix.net

chercher les causes profondes du massacre. Quand l'émotion prend le dessus, la rationalité s'effondre »[52].

Le génocide rwandais a été exceptionnel dans sa brutalité, dans sa rapidité et dans son organisation. Depuis, un nombre important d'acteurs du génocide, notamment d'anciens responsables gouvernementaux, ont été traduits en justice. La résolution 955 du 08 Novembre 1994, adoptée par le le Conseil de sécurité des Nations-Unies, crée le Tribunal Pénal International pour le Rwanda (TPIR) avec pour mandat de juger *« les personnes présumées responsables d'actes de génocide ou d'autres violations graves du droit international humanitaire commis sur le territoire du Rwanda et les citoyens rwandais présumés responsables de tels actes ou violations commises sur le territoire d'États voisins entre le 1er janvier 1994 et le 31 décembre 1994 »*[53]. Après 61 condamnations, le TPIR termine actuellement ses opérations, toutes les procédures devraient se terminer d'ici la fin de l'année 2015.
Par ailleurs, en 2002, le gouvernement rwandais a conçu un nouveau système pour juger les affaires de génocide : les juridictions

---

[52] Pierre Erny, « L'éducation au Rwanda au temps des rois », Etudes africaines, l'Harmattan, 2005
[53]Tribunal Pénal International pour le Rwanda (TPIR), Le tribunal en bref, [Consulté le 21/08/2015], Disponible sur http://www.unictr.org/fr/tribunal

« *gacaca* ». Le système de juridictions gacaca a tiré son nom d'un mécanisme de règlement des différends communautaires traditionnellement utilisé pour régler des différends mineurs, « gacaca » signifie « herbe douce » en kinyarwanda, c'est-à-dire l'endroit où l'on se réunit. Ses objectifs étaient non seulement de rendre la justice, mais également de renforcer la réconciliation et de révéler la vérité sur le génocide. En 2011, Human Rights Watch a publié un rapport détaillé sur les juridictions gacaca basé sur sa recherche menée sur le terrain pendant neuf ans. « *La conclusion était que le système gacaca a laissé un héritage mitigé. Ses accomplissements positifs ont compris le travail rapide des tribunaux dans le traitement d'un très grand nombre d'affaires ; la participation des communautés locales ; et l'occasion pour certains rescapés du génocide d'apprendre ce qui était arrivé aux membres de leur famille. Les juridictions gacaca auraient également permis à certains rescapés de trouver un moyen de vivre en paix aux côtés des criminels. Cependant, de nombreuses audiences gacaca ont donné lieu à des procès inéquitables. Il y a eu des limites sur la capacité des accusés à se défendre efficacement ; un grand nombre de cas d'intimidation et de corruption des témoins de la défense, des juges et d'autres parties ; et des prises de décisions erronées due à la formation insuffisante de juges non professionnels qui étaient censés traiter des affaires complexes »*[54].

La réponse humanitaire internationale au génocide du Rwanda et à l'exode massif de réfugiés fut la plus importante de l'histoire. Le génocide rwandais a été tout à la fois une grande tragédie humaine et un bouleversement pour les agences humanitaires qui les a amenées à améliorer leurs pratiques.

D'après le projet SPHERE, *« La fin des années 1990 et le début des années 2000 a été une période très créative dans le secteur, jalonnée de quantité d'événements positifs. Le Code de conduite de la Croix-Rouge et des ONG a été publié en 1994, en plein génocide rwandais. Puis, le Projet Sphère a vu le jour. Dans le monde francophone, des initiatives comme Coordination SUD et Groupe URD se sont penchées à cette époque sur les aspects de la qualité de l'assistance humanitaire. En 1999, le Groupe URD a commencé à développer sa méthode d'assurance qualité pour les projets humanitaires »*[55].

---

[54]Human Rights Watch, « Rwanda, la justice après le génocide, 20 ans plus tard », 28 Mars 2014, [Consulté le 21/08/2015], Disponible sur
https://www.hrw.org/fr/news/2014/03/28/rwanda-la-justice-apres-le-genocide-20-ans-plus-tard
[55] Le projet SPHERE, « 20 ans après le génocide rwandais », 24 Mars 2014, [Consulté le 21/08/2015], Disponible sur
http://www.sphereproject.org/sphere/fr/sphere/fr/nouvelles/20-ans-apres-le-genocide-rwandais-la-redevabilite-humanitaire-john-borton/

Aujourd'hui, le Rwanda dépend encore très lourdement de l'aide internationale pour se reconstruire et il reste un des pays les plus pauvres d' Afrique. En 2014, le Rwanda était le 151ème pays sur 187 dans le classement IDH[56]. Le rapport du PNUD[57] indique que : 50,6% de la population rwandaise vit dans une extrême pauvreté ; 63,5% de la population rencontre des difficultés d'accès à une eau salubre ; un enfant de moins de 5 ans sur deux (51,7%) souffre de rachitisme et un enfant sur 5 (18%) souffre de dénutrition ; 10% des rwandais de plus de 12 ans sont porteurs du VIH et le taux de séropositivité parmi les femmes enceintes à Kigali atteint 33% ; l'espérance de vie est voisine de 39 ans, en partie à cause du SIDA ; la population en âge scolaire représente 47% de la population rwandaise et près d'un million de jeunes n'ont aucune formation.

Plus de vingt ans après le génocide, les besoins psychosociaux restent importants dans le pays. Le Rwanda enregistre le plus haut niveau de troubles de stress post-

---

[56] L'Indice de Développement Humain est un indice statistique créé en 1990 par le Programme des Nations unies pour le développement. Son objectif est d'établir un aperçu global du niveau de vie des pays en prenant en compte trois principaux critères: l'espérance de vie à la naissance, le niveau d'éducation et le niveau de vie.
[57] Programme des Nations-Unies pour le Développement (PNUD), Rapport sur le développement humain 2014, [Consulté le 21/08/2015], Disponible sur hdr.undp.org/sites/default/files/hdr14-report-fr.pdf

traumatique de la région. Selon HI, « *Des recherches menées en 2009 ont permis d'établir que 53 % de la population souffre de dépression et de traumatisme* »[58]. La santé mentale demeure donc une priorité publique dans ce petit état de l'Afrique des Grands Lacs. La poursuite des actions psychosociales, initiées par les ONG, reste, encore en 2015, nécessaire à la reconstruction du pays.

---

[58] Handicap International, « 20ème commémoration du génocide des Tutsi », 7 avril 2014, [Consulté le 21/08/2015], Disponible sur http://www.handicap-internationale.fr/system/file s/documents/files/2014-dossierdepresserwandaok.pdf

2. Face aux traumatismes : la diversité et la spécificité des pratiques

La folie des massacres a disloqué la société rwandaise, les liens familiaux et communautaires se sont brisés dans le déferlement de violences. Autant de symptômes qui s'expriment sur les scènes sociale, familiale et communautaire. Aujourd'hui encore, la population reste meurtrie et traumatisée par le génocide. Selon l'Agence Belge de Développement, « *Près de 29 % des habitants souffrent de stress post-traumatique, le plus haut niveau enregistré dans la région* »[59]. Le génocide a laissé des séquelles importantes dans le pays et leurs conséquences se manifestent, tant à l'échelle communautaire qu'au niveau individuel.

Sur le plan individuel, les survivants/rescapés sont traumatisés par les atrocités commises sur et/ou par leurs proches, ils éprouvent de la détresse et parfois de la culpabilité. Ils sont désorientés, en perte totale de repères et de valeurs. Se pose alors la douloureuse question identitaire « qui suis-je ? » couplée au sentiment de honte d'exister. Les troubles sont multiples : états dépressifs, d'anxiété,

---

[59] Agence Belge de Développement, Santé mentale : une priorité nationale, [Consulté le 08/09/2015], Disponible sur https://www.btcctb.org/fr/casestudy/sant%C3%A9-mentale-une-priorit%C3%A9-nationale

d'hyper-vigilance, phénomènes d'intrusion liés au souvenir de l'événement traumatique, crises de reviviscence, troubles psychosociaux, etc.

Sur le plan communautaire, le génocide a détruit les liens pouvant exister entre ses membres. Certains manifestent des réactions de crainte et de méfiance envers l'autre, car le voisin a peut-être été leur bourreau. Les personnes qui étaient auparavant les « piliers » (les sages, les enseignants, les parents etc.) de la communauté, également affectées, ne peuvent plus assurer leur rôle de protecteur et de régulateur social. Les mécanismes d'entraide et de solidarité ou encore de gestion des conflits permettant à la communauté de fonctionner ont été détruits. On assiste à une déchirure du tissu social, pourtant fondateur de la société rwandaise. Aux souffrances psychiques liées au traumatisme viennent se greffer des problèmes socio-économiques. Les populations doivent assumer seules leurs besoins, alors qu'elles connaissent des conditions de vie extrêmement précaires, leur habitat ayant le plus souvent été détruit, elles n'ont pas les ressources financières pour subvenir à leurs besoins essentiels.

Au lendemain du génocide, l'aide humanitaire internationale vient en urgence pour répondre aux conséquences des traumatismes et des problèmes psychosociaux. Dès 1995, la santé mentale devient un problème de santé publique et une préoccupation majeure pour l'État qui décide de mettre en place une politique ad hoc. Le terme « traumatisme » en kinyarwanda (la langue rwandaise) n'existait pas jusqu'au moment du génocide des Tutsi. Les professionnels ont été alors amenés à trouver un mot équivalent pour représenter le poids d'une telle souffrance psychique liée au traumatisme. Le mot «ihungabana » a été retenu, du verbe « guhungabana » qui signifie : être bouleversé, perturbé[60].

Historiquement, au Rwanda, la santé mentale se voulait l'affaire de la communauté. La société gérait elle-même ses malades. Lorsqu'une personne était en souffrance, elle était prise en charge par la population qui avait recours aux méthodes traditionnelles, auprès des guérisseurs et des membres de la famille. Pour les ONG qui travaillent dans le domaine de la santé mentale au Rwanda, une approche occidentale centrée sur l'individu n'est pas adaptée à la réalité locale. Elles ont ainsi développé une approche communautaire, dans la gestion des traumatismes et des troubles psychosociaux, qui englobe à la fois les dimensions médicales, spirituelles et sociales. Cela permet également de pallier le manque de moyens et de compétences en santé mentale

---

[60] La place du Kinyarwanda dans la recherche, Rémi Korman, [Consulté le 08/09/2015], Disponible sur http://rwanda.hypotheses.org/405,

dans le pays.

Pour répondre aux problèmes psychosociaux au Rwanda, de nombreuses ONG soutiennent le gouvernement dans sa politique de santé mentale. Les services de santé mentale sont intégrés dans les structures de santé, ainsi les problèmes psychosociaux et de santé mentale sont pris en charge au niveau communautaire. En 1999, un Service de Consultations Psychosociales (SCPS) a été mis en place, ce service a pour objectifs de prendre en charge les personnes souffrant de traumatismes et/ou de troubles psychosociaux et de former des agents psychosociaux qui auront pour mission d'être « personnes ressources » dans la communauté. Au sein de ce service, l'UNICEF soutient un programme psychosocial en faveur des enfants atteints par le VIH/SIDA et de leurs familles. Les activités psychosociales, par le biais de jeux éducatifs et de groupes de paroles, ont pour objectif de promouvoir un sentiment de dignité et de respect pour l'enfant, afin de créer des conditions favorables à son bien-être. Les parents qui participent à ces activités sont soutenus dans l'éducation de leurs enfants et sensibilisés sur les conséquences de la maladie.

Par ailleurs, soucieux de ressouder la structure villageoise et de favoriser la réconciliation nationale, le gouvernement rwandais a mis en place le programme Ubudehe depuis 2001. Dans la tradition rwandaise, l'Ubudehe est une pratique et une valeur sociale d'entraide mutuelle entre les habitants d'une même colline ou d'un même village. Ce concept traditionnel permet un travail en commun, comme la culture d'un champ, et favorise le rapprochement entre génocidaires et rescapés. L'ONG International Alert a développé un projet qui consiste à former des groupes solidaires dans les villages pour la culture des terres. Un appui psychosocial est intégré au projet, il permet de favoriser l'échange et la discussion dans le groupe et contribue au processus de réconciliation. Pour autre exemple soutenant le programme Ubudehe, CAFOD[61] mène un projet d'appui psychosocial et de cohésion des communautés, dans le nord du pays, à travers des actions psychosociales. Ses activités sont les suivantes : soutien psychologique et matériel ; formation et supervision des animateurs psychosociaux, des conseillers en traumatisme et des leaders communautaires ; création d'espaces promoteurs de réconciliation ; appui juridique ; activités de sensibilisation et de plaidoyer sur les implications du traumatisme pour la société rwandaise.

Après le génocide au Rwanda, des dizaines de milliers d'enfants non accompagnés ont été regroupés dans des centres de fortune ou recueillis par des familles, d'autres ont erré

---

[61] L'agence humanitaire et de développement de l'Église catholique d' Angleterre et du Pays de Galles

dans le pays. Par ailleurs, plus de deux millions de réfugiés se trouvaient dans les camps du HCR, dans le pays et aux abords des frontières. Dans ce contexte, en 1995, le gouvernement rwandais a lancé un programme de réunification familiale dans lequel de nombreuses ONG se sont engagées. Pour exemples, de 1995 à 1999, Enfants du Monde (EDM) a pris en charge des centres d'accueil pour accueillir les enfants qui avaient fui et s'étaient cachés dans les collines pendant le génocide. Des activités psychosociales étaient proposées aux enfants (fabrication de jouets, groupes de paroles) pour leur permettre une attention suffisante et une prise en charge globale. Handicap International avait aussi créé des centres d'accueil pour enfants afin de favoriser la réalisation des réunifications familiales en impliquant l'enfant, sa famille et le centre. Plus de vingt ans après le génocide, le CICR poursuit ses activités de rétablissement des liens familiaux qui consistent à réunir les enfants avec leur famille et à les aider à réintégrer la vie familiale et communautaire. D'après le CICR,

« En 2014, 50 enfants rwandais ont rejoint leur famille. Des centaines d'enfants rwandais attendent encore aujourd'hui de retrouver leur famille alors qu'ils vivent au Rwanda, en RDC

ou dans d'autres pays de la région »[62].

La lutte contre les violences basées sur le genre et le sexe est un programme qui s'inscrit également dans la politique nationale au Rwanda. Depuis 1994, le gouvernement rwandais a adopté d'importantes mesures pour améliorer la condition des femmes et lutter contre les violences sexuelles. Un rapport de 1996, émanant du rapporteur spécial de l'ONU sur le Rwanda, estimait qu'au moins 250 000 femmes avaient été violées pendant le génocide[63]. La violence sexuelle était l'une des nombreuses blessures infligées aux femmes et filles rwandaises, souvent abusées après avoir assisté à la torture et au meurtre des membres de leurs familles et à la destruction de leurs habitations. Les actes de violence sexuelle ont eu des conséquences médicales et psychosociales dévastatrices sur les rwandaises. Des femmes et des filles ont contracté des maladies sexuellement transmissibles, notamment le VIH/SIDA; elles

---

[62] CICR, Communiqué de presse du 08/07/2014, Rwanda : 11 enfants retrouvent leurs familles, [Consulté le 07/09/2015], Disponible sur https://www.icrc.org/fre/resources/documents/news-release/2014/07-08-rwanda-kigali-reuniting-family-links.htm
[63] Human Rights Watch, La justice, un parcours semé d'obstacles pour les victimes de viol au Rwanda, septembre 2004, [Consulté le 08/09/2015], Disponible sur http://www.hrw.org/sites/default/files/reports/rwanda0904fr.pdf

ont été confrontées à des grossesses non désirées et à des complications suite à des avortements bâclés; elles ont souffert de mutilation sexuelle et autres lésions. Plus de vingt ans après les événements, les victimes de violences sexuelles, en particulier celles qui ont enfanté suite au viol ou celles atteintes par le VIH/SIDA, restent traumatisées, stigmatisées et isolées. Ces dernières années, l'État rwandais a opté pour une politique de tolérance zéro en matière de violences sexuelles et a développé des services de protection des victimes. Cette protection se retrouve à plusieurs niveaux : gratuité de la prise en charge médicale, psychologique et juridique des victimes ; mise en place de « maisons de sûreté » pour recevoir et héberger les victimes ; création auprès du Parquet Général et de tous les Parquets du pays d'un service de protection des victimes et des témoins ; création de services d'accompagnement de la victime dans sa communauté.

De 2000 à 2007, MSF lançait un projet psychosocial en faveur des femmes traumatisées par le génocide au Rwanda. Le projet consistait à soutenir des associations locales offrant une aide psychosociale à des rwandaises victimes de violence. MSF accompagnait ces associations dans la formation de conseillers psychosociaux, personnes ressources auprès des femmes dans la communauté. La responsable du projet explique : « *Les femmes qui en font partie se réunissent régulièrement, souvent au pied d'un arbre, dans le village. Là, elles partagent leurs expériences et parlent de leurs problèmes. En les écoutant, avec l'aide d'un interprète, nous pouvons aider les conseillers à améliorer leur technique d'accompagnement thérapeutique. Ce projet a mis du temps à démarrer, tant en raison du contexte rwandais - avec en toile de fond le génocide - que de l'aspect psychosocial. Au Rwanda, il faut beaucoup de temps pour mettre sur pied une intervention de ce type : la méfiance est partout »*[64].

Aujourd'hui encore, la santé mentale demeure une priorité publique au Rwanda. De nombreuses ONG poursuivent leur soutien à la politique nationale pour faire face aux conséquences du génocide qui continuent à occuper une place importante dans les causes de morbidité et d'incapacité. Les problèmes de santé mentale et les troubles psychosociaux ont toujours de graves répercussions sur la société et ont une incidence sur les difficultés du couple et de la famille, sur la perte d'expertise sur le marché de l'emploi, sur l'augmentation de pratiques sexuelles à risque, sur les phénomènes de

---

[64] MSF, Une année d'accompagnement psychosocial pour les rwandaises traumatisées, 22 Août 2007, http://www.msf-azg.be/fr/nouvelle/une-annee-daccompagnement-psychosocial-pour-les-rwandaises-traumatisees/

violences physiques et psychologiques. Ces phénomènes exacerbent la pauvreté des familles, entravent le développement communautaire et génèrent une spirale de nouveaux problèmes de santé mentale dans la société.

B. <u>Les impacts de l'intervention psychosociale sur la population rwandaise</u>

Afin de mesurer les impacts du soutien psychosocial sur les bénéficiaires, nous présenterons ci-après un projet basé sur une approche en santé mentale communautaire et son évaluation.

1. Accompagner les traumatismes individuels par le retissage des liens communautaires

Vingt et un ans après le génocide au Rwanda, malgré les efforts fournis par le Gouvernement et la société civile, les troubles psychosociaux et la santé mentale de la population peuvent être considérés encore aujourd'hui comme un problème de santé publique qui entrave le développement du pays. Les spécialistes en santé mentale considèrent que le génocide rwandais, de par ses caractéristiques, a et aura des conséquences dommageables durables sur les individus, sur les groupes et les communautés ainsi que sur les personnes ressources de la communauté.

Pour répondre à cette situation, les projets en santé mentale au Rwanda ont intégré une nouvelle dimension : celle de la participation de la communauté, notamment par l'accompagnement psychosocial des familles. Le projet présenté, initié en 2009 et intitulé « Accompagner les traumatismes individuels par le retissage des liens sociaux et communautaires » vise l'assainissement des relations sociales pour que celles-ci deviennent moins pathogènes et plus propices à l'épanouissement de chacun. Le projet est mis en œuvre sur le principe de la co-action avec des organisations partenaires qui mobilisent leurs ressources pour réaliser les activités du projet. L'intervention s'inscrit dans la Politique Nationale de Santé Mentale à travers laquelle le Ministère de la Santé a mis en œuvre un programme national, qui soutient la formation des agents de santé communautaire et des agents psychosociaux dans les centres de santé du pays.

Il convient, avant tout, de définir ce qu'est une approche communautaire à travers plusieurs définitions reprises par l'OMS : *« l'approche communautaire est un processus social grâce auquel les individus prennent volontairement part aux activités formelles et informelles, aux programmes et aux discussions afin de susciter un changement planifié ou une amélioration de la vie, des services ou des ressources communautaires. La participation communautaire représente une approche ascendante ou populaire de la planification des programmes et de la prise de décision »*[65]. Pour HI, la Santé Mentale Communautaire (SMC) se définit ainsi : *« c'est un ensemble d'actions décentralisées dans la prise en charge des personnes souffrant de problèmes de santé mentale. La santé mentale communautaire se base sur un modèle psychosocial et représente un modèle pertinent dans les pays à faible ou moyen revenu, permettant d'intervenir efficacement là où les ressources sont faibles, en utilisant le plus possible les compétences internes à la communauté »*[66].

La démarche de ce projet s'articule sur plusieurs hypothèses. D'une part, on considère que la communauté peut être génératrice de « bonne santé mentale » par les actions qu'elle mène, afin de maintenir et de développer le bien-être de ses membres ; d'autre part que l'approche communautaire peut répondre spécifiquement aux souffrances psychosociales (isolement, perte de l'estime de soi, précarité sociale) en s'appuyant sur les ressources de la communauté ; enfin que les souffrances psychosociales doivent être prises en charge de manière globale, c'est-à-dire en intervenant à la fois sur le plan

---

[65] OMS, Bureau régional de l'Afrique, Cadre pour la conception d'interventions communautaires visant à promouvoir la santé, 2009, [Consulté le 22/09/2015], Disponible sur www.afro.who.int/index.php
[66] HI, Document cadre Direction des Ressources Techniques, « Santé mentale en contextes de post-crise et de développement », Avril 2011, p 27

préventif et sur le plan curatif.

La démarche du projet consiste donc à répondre aux souffrances psychosociales liées au traumatisme par une approche communautaire et globale. Ces réponses peuvent se traduire de manière directe, en direction des bénéficiaires, par un accompagnement psychologique individuel ou en groupe, par des activités génératrices de revenus, par des réunions de groupe-projet, par des séances de gestion des conflits, par la sensibilisation aux droits et aux devoirs, etc. Les actions mises en place peuvent par ailleurs agir, de manière indirecte, sur les bénéficiaires, par la sensibilisation et la formation des personnes ressources, par l'approche psychosociale abordant les problèmes d'ordre économique, juridique, psychologique et social ou encore par des interventions médiatrices. Les objectifs généraux du projet se déclinent ainsi :

→ Les populations rwandaises en situation de vulnérabilité psychologique et sociale recouvrent ou préservent une meilleure santé mentale par une intervention s'appuyant sur les dispositifs communautaires existants (famille, voisinage, association de personnes vulnérables, etc.).

→ Les approches en santé mentale communautaire sont davantage connues par les professionnels et par le grand public rwandais en général.

→ La santé mentale de la population est une dimension transversale qui est davantage prise en compte dans les politiques élaborées par les autorités rwandaises.

L'objectif spécifique du projet précise que les populations en situation de vulnérabilité psychologique et sociale, dans 4 secteurs administratifs du pays[67], bénéficient d'une meilleure santé mentale, par une approche en santé mentale communautaire adaptée au contexte et dans un cadre institutionnel et professionnel reconnu et pérenne.

Le nombre de bénéficiaires attendus dans le cadre du projet est de 3 600 personnes en situation de vulnérabilité qui bénéficieront des actions, 400 personnes ressources (parents, enseignants, travailleurs sociaux, agents de santé communautaire, autorités locales) qui seront mobilisés et formés afin d'assurer un appui aux dispositifs de santé mentale communautaire et 40 médiateurs en santé mentale communautaire qui seront mobilisés en vue d'animer les dispositifs de santé mentale communautaire.

Les principales activités du projet sont :

---

[67] Le secteur est une entité administrative du Rwanda, subdivision de chacun des 30 districts qui composent les 5 provinces du pays. Chaque secteur est divisé en cellules, elles mêmes divisées en villages.

• Identification des groupes de populations en situation de vulnérabilité psychologique et sociale et élaboration de la cartographie des ressources du territoire pour chaque secteur d'intervention

• Identification et formation des personnes ressources et des personnes relais

• Constitution des groupes de populations et soutien en vue de renforcer leur pouvoir d'agir et de prévenir les facteurs de risque à la souffrance psychosociale par la mise en place de dispositifs et d'activités communautaires.

• Mise en place d'un dispositif de suivi-évaluation de l'intervention en santé mentale communautaire

• Prospection et choix d'une structure nationale susceptible de poursuivre les activités en santé mentale communautaire développées par le projet.

Le projet requiert une démarche participative impliquant aussi bien les acteurs civils que publics, en co-action avec des organisations partenaires rwandaises. A travers les interventions du projet, il s'agit d'étayer les personnes ressources des communautés (enseignants, agents communautaires, élus, enfants chefs de ménage, parents) pour qu'elles mettent en place des mécanismes de solidarité et de prise en charge des personnes vulnérables. La démarche se veut pluridisciplinaire alliant les thématiques suivantes : le droit (le génocide ayant fait voler en éclat un grand nombre de repères relatifs à la loi), le psychosocial, le développement économique et enfin la psychologie. Ainsi, le projet, s'appuyant sur la participation de la communauté et reconnaissant ses capacités, vise à recréer le lien social et relancer les mécanismes de solidarité au sein de celle-ci pour qu'elle puisse prendre en charge les personnes vulnérables. Il s'agit donc d'identifier les personnes ressources afin d'actionner le levier communautaire et de renforcer les dispositifs de santé mentale communautaire.

Il est à préciser que l'ONG n'apporte pas d'aide financière ni matérielle dans le cadre de ce projet, elle propose une approche à la communauté pour la rendre compétente dans le retissage des liens sociaux et l'accompagnement des personnes vulnérables. Dans le film de capitalisation d'une phase du projet, réalisé en 2012, une coordinatrice de zone à Kigali témoigne : *« Quand l'ONG nous a approchés, ils nous demandaient de nous regrouper, d'analyser nos problèmes pour trouver des solutions ensemble. On se demandait comment on pouvait faire ça sans argent. Les autres ONG proposaient de l'aide alimentaire, du riz, de la farine, des habits, du matériel, de l'argent. Mais ils ne nous apportaient rien, nous pensions : ils viennent nous faire perdre du temps, ils ne nous amènent ni argent, ni matériel. Bien que nous les négligions, ils ont insisté et nous ont réunis jusqu'à ce qu'on commence à les appuyer. On a constitué des groupements mais on restait un peu sceptiques. Mais ils ont continué à venir, sous la pluie, sous le soleil. Ils nous ont formés et sensibilisés, nous avons commencé à nous connaître entre nous, ce qui permettait en écoutant les uns les autres de relativiser ».*

Renforcer la participation active dans la communauté est une étape essentielle dans le projet pour établir une cartographie précise des zones d'intervention et pour identifier les personnes ressources. Un responsable de zone de l'équipe projet explique : *« Pour faire la cartographie de la zone, on a marché sous le soleil, on a monté et descendu des collines. Les autorités nous ont aidé en donnant les noms des potentielles personnes ressources et des potentiels bénéficiaires qui pourraient faire partie du projet. L'approche communautaire passe par une équipe mobile qui va vers les gens, on est sur le terrain, on approche les groupes, on n'attend pas que les gens viennent nous voir dans les bureaux ».*

L'identification et la formation des personnes ressources met en place un système de relais afin de s'appuyer sur les ressources de la communauté et rendre l'action du projet pérenne. Ces personnes ressources sont formées et supervisées par des professionnels de l'équipe projet qui sont eux-mêmes accompagnés et supervisés par des professionnels au Rwanda et des référents techniques. La formation de ces personnes ressources comprend : une sensibilisation à la santé mentale et au traumatisme psychologique (par exemple : comment gérer des crises de reviviscence d'un traumatisme dans une classe[68]), la mise en projet des groupes (processus d'identification et d'analyse des problèmes pour la recherche de solution en commun), le soutien juridique (sensibilisation aux droits et aux devoirs), le soutien psychosocial (actions d'entraide pour la cotisation des mutuelles de santé ou la construction d'un toit), le soutien psychologique (orientation vers une consultation psychologique), le soutien économique (mise en place d'activités génératrices de revenus).

Les personnes ressources, avec l'aide de l'équipe projet et des autorités locales, identifient les personnes à risque et

---

[68] Les crises de reviviscence sont la répétition du vécu traumatique, réactivées soudainement par un facteur externe (bruit, odeur, date anniversaire). Au Rwanda, ces crises se déclenchent fréquemment à la période de la commémoration du génocide chaque année. Elles s'expriment par des hallucinations, des cauchemars, de violentes décharges émotionnelles. Des phénomènes de « contagion » des crises de reviviscence sont observés lors de cette période, particulièrement dans les classes d'école.

vulnérables qui seront bénéficiaires du projet et formeront des groupes dans les différentes zones d'intervention. Les bénéficiaires peuvent être des veuves du génocide, des femmes subissant des violences, des jeunes mères célibataires, des prostituées, des enfants et des adolescents infectés par le VIH/SIDA, des enfants des rues, des jeunes en situation de précarité, des couples en conflit, des personnes en situation de handicap, etc. La catégorisation par type de vulnérabilité n'a pas été utilisée dans la mise en place des groupes, afin d'éviter une stigmatisation. Les groupes se réunissent et travaillent sur les besoins et les problématiques rencontrées par la communauté pour faire émerger des initiatives à chaque problématique. Un chargé des affaires sociales du secteur de Bushoki (province du nord) témoigne : *« Avant on savait que des groupes vulnérables étaient là mais on ne les regroupait pas. Ces groupes ont permis aux enfants d'être reconnus. Les enfants ont compris leurs problèmes et ont cherché des solutions avec le groupe. Après ils se sont regroupés en associations, en coopératives, pour faire de l'agriculture ou de l'artisanat ».*

Afin de répondre à l'ensemble des dimensions humaines qui ont été fracturées durant le génocide, une prise en charge du traumatisme par une approche clinique traditionnelle ne suffit pas. Il est nécessaire de proposer une prise en charge psychosociale, tenant compte de l'individu et de son environnement, pour l'aider à se reconstruire. Le travail social de proximité, par une équipe mobile en co-action avec les organisations partenaires et les autorités locales, est essentiel dans la mise en place des activités en faveur des bénéficiaires. Selon les besoins du groupe, différentes activités sont proposées aux bénéficiaires : accompagnement psychologique individuel ou en groupe, soutien psychosocial, réunion de gestion des conflits, activités génératrices de revenus, accompagnement à la recherche de financement, accompagnement juridique, activités récréatives (théâtre, danse, chant), etc.

Ces activités permettent aux membres de la communauté de communiquer de nouveau entre eux et d'avoir une parole libre. Des activités communes telles que les activités génératrices de revenus ou les travaux communautaires favorisent le vivre-ensemble et la réconciliation de la communauté. Pour exemple, tous les derniers samedis du mois, chaque rwandais qui a atteint l'âge de la majorité a l'obligation de participer aux travaux communautaires, appelés « Umuganda ». Ces travaux (nettoyage des voiries, réparation des canalisations, construction de petits bâtiments, etc.) sont organisés, en campagne comme dans les villes, par les petites structures de l'administration. Ces travaux communautaires prennent leur origine dans la tradition rwandaise où la solidarité a toujours tenu une place importante dans la société. Aujourd'hui encore, les autorités insistent sur les bienfaits de cette action mensuelle car, selon elles, l'« Umuganda » favorise l'économie, la solidarité et l'unité nationale.

Le dispositif d'accompagnement mis en place permet aux bénéficiaires de passer d'une posture passive (recevant l'aide) à une posture active (avec le pouvoir d'agir sur leur vie). Les sessions de mise en projet et les réunions d'accompagnement inscrivent alors les personnes dans un processus de changement. En agissant avec leurs propres capacités et avec l'appui des ressources du territoire, les bénéficiaires peuvent analyser la situation et trouver des solutions. Ndera, une bénéficiaire du projet explique : *« Quand nous étions en train d'élaborer les projets, je pensais qu'ils allaient nous financer. Mais finalement, ils nous ont orientés sur comment nous pouvions obtenir des prêts de banque. Le personnel du projet nous a expliqué pourquoi ils ne nous donnent pas d'argent et qu'en revanche ils aident les gens à trouver par eux-mêmes les moyens de travailler, ça nous a ravis et ça a été très utile ».*

Parmi les personnes ressources, des personnes relais sont identifiées pour assurer une fonction médiatrice entre les bénéficiaires et les autres instances. Chaque personne relais est responsable de plusieurs groupes de bénéficiaires pour lesquels elle garantit un encadrement et un suivi des actions. Elle est par ailleurs en lien étroit avec les organisations partenaires et les autorités pour faciliter les référencements et les informations sur les mesures prises par le groupe dans la zone d'intervention. Pour exemple, dans le cas d'une crise de reviviscence du traumatisme lié au génocide dans une école, les personnes relais et un conseiller en traumatisme peuvent ainsi intervenir ensemble pour prendre en charge les enfants et référencer les situations qui nécessitent une prise en charge spécialisée. Ce dispositif facilite les échanges d'information, développe la solidarité dans la communauté et renforce la dynamique de co-action. Des réunions de partage d'expériences sont organisées entre les personnes ressources, les personnes relais, les autorités et les organisations partenaires pour échanger autour des actions et renforcer les compétences et le rôle des personnes ressources et des personnes relais dans la communauté. Une personne relais témoigne : *« nous exerçons sur la même zone, les problématiques se ressemblent et par mes compétences j'arrive à résoudre certains problèmes. Mon collègue a les mêmes problématiques qu'il ne résout pas, alors on partage nos savoirs, nos réussites, nos échecs et on se donne de nouvelles pistes de travail ».*

Selon le chef de projet : *« L'approche*

communautaire et les activités proposées par le projet doivent permettre au bénéficiaire d'être impliqué dans la gestion de sa vie quotidienne pour le couper de son regard sur son passé douloureux, lui permettre de regagner confiance en lui-même et aux autres et enfin de le situer dans l'ici et maintenant ».

2. Une évaluation globale pour la définition des recommandations et des perspectives

Une évaluation du projet « Accompagner les traumatismes individuels par le retissage des liens sociaux et communautaires » a été réalisée en 2012 par l'équipe projet avec le support d'un consultant externe. Cette évaluation a pour but de vérifier le niveau d'atteinte des objectifs et des résultats attendus du projet, en soulignant les points forts, les faiblesses et les opportunités dans sa mise en œuvre. L'évaluation a été conçue d'une manière participative avec une forte implication des membres du projet, des partenaires de la société civile, des autorités locales et des bénéficiaires. La méthodologie générale du projet a permis à ses acteurs et à ses bénéficiaires d'exprimer, d'une part, une appréciation sur le soutien reçu et la participation aux activités et d'autre part, de prioriser les besoins. La collecte et l'analyse des données ont été réalisées avec le support de divers outils : atelier de présentation de l'évaluation, entretiens, questionnaires, rencontres avec les partenaires et les autorités locales, groupes de discussion thématique, atelier de restitution de l'évaluation. Le nombre total de personnes rencontrées lors de l'évaluation s'élève à 369. L'analyse des données de l'évaluation permet de dire que les indicateurs quantitatifs ont été atteints concernant le nombre de bénéficiaires qui s'élève à 4 048 (3 600 bénéficiaires attendus), le nombre de personnes ressources à 800 (400 attendues) et les médiateurs en santé mentale communautaire qui s'élève à 60 (contre 40 attendus). Le projet est donc allé au-delà des résultats attendus, ce qui peut s'expliquer par l'approche contextuelle, bien acceptée par la communauté, qui a multiplié les groupes de bénéficiaires et mobilisé des acteurs supplémentaires (personnes ressources et médiateurs).

Globalement, les activités sont évaluées très positivement à 80%. Pour exemple, les bénéficiaires notent une évolution positive et significative concernant la diminution des violences liées au genre dans leur communauté. Les groupes de paroles sont sensibilisés à ces questions, les habitants sont mieux informés, de nombreux cas de violences basées sur le genre sont rapportés aux autorités compétentes et des agresseurs sont arrêtés.

L'évaluation rapporte ces témoignages de bénéficiaires du projet :

« Dans nos coutumes, il y a beaucoup de violences mais nous n'appelons pas ça violences et ne les considérons pas comme telles. Les violences liées au genre diminuent petit à petit avec les formations, ceux qui

étaient violents ont été approchés et informés, on informe les autorités pour qu'ils arrêtent les personnes » ;

« Lorsqu'on rencontre une famille qui ne va pas bien dans le village, une conciliation se fait. Il y a même des femmes qui ne supportent plus la violence de leur mari et qui quittent leur ménage pour aller vivre ailleurs » ;

« Culturellement le genre féminin est un être qui doit être inférieur au genre masculin. Telle est la conception de la population de mon village. On m'a enseigné le droit et les devoirs dans l'égalité des sexes et maintenant je peux dire et faire des choses dans les relations avec les autres ».

Les risques de violences liées au genre compromettent les conditions de vie des populations les plus vulnérables (difficultés d'accès aux services de base et à l'éducation/la formation, faible participation sociale, etc.). Nous l'avons vu précédemment, au Rwanda, les institutions publiques et les associations de la société civile sont très sensibles au genre et elles sont impliquées dans la prévention et la lutte contre les violences basées sur le genre. Les précédents témoignages constituent donc une évaluation subjective nécessaire pour connaître et comprendre les perceptions des bénéficiaires quant à l'apport du projet selon les problématiques.

Par ailleurs, les activités psychosociales proposées ont permis d'améliorer l'accompagnement sur le plan économique, même s'il est encore trop tôt pour mesurer les impacts sur la vie économique de chaque secteur du projet. Il est à rappeler que le taux de pauvreté au Rwanda est très élevé (45%) et qu'il touche plus particulièrement les zones rurales où 64.7 % de la population vit dans une extrême pauvreté[69]. Les bénéficiaires du projet témoignent de l'augmentation de leur pouvoir d'achat grâce aux activités de partage, d'entraide et d'épargne, ce qui leur a permis d'avoir accès à une mutuelle santé et d'acheter du matériel scolaire pour leurs enfants ou encore du petit bétail (lapins, poules). Une bénéficiaire rapporte : *« Grâce au groupe d'entraide, on a pu acheter des poules en commun avec nos voisins. A la maison, on a moins de raisons de se disputer car les assiettes sont remplies ».*

L'évaluation des impacts du projet sur les bénéficiaires doit pouvoir combiner les effets de l'intervention sur le bien-être des bénéficiaires à une compréhension des mécanismes comportementaux et/ou environnementaux liant l'intervention aux

---

[69] FIDA, (Fonds International de Développement Agricole), Rapport « Œuvrer pour que les populations rurales se libèrent de la pauvreté au Rwanda », Juillet 2010, [Consulté le 30/09/2015], Disponible sur http://www.ifad.org/operations/projects/regions/Pf/facts heets/rwanda_f.pdf

changements constatés. Les outils de collecte des données du projet ont permis de mesurer les impacts psychosociaux sur la population cible à plusieurs niveaux :

→ **un retissage du lien social** : 79% des réponses exprimées traduisent une amélioration des relations dans la communauté,

→ **une reconstruction identitaire** : 82% des personnes consultées reconnaissent être en meilleure santé mentale et s'accepter telles qu'elles sont,

→ **un changement de la représentation** de la santé mentale et des personnes dites vulnérables : 72% des réponses attestent que le regard porté sur les personnes en souffrance psychique a évolué positivement,

→ **une amélioration globale des conditions de vie** : 84% des personnes consultées estiment que les activités liées au projet ont participé à l'amélioration de leur quotidien.

En outre, l'évaluation a permis de traduire ces impacts au niveau individuel, au niveau familial et au niveau social et communautaire :

- **au niveau individuel** : changement de comportement, meilleure connaissance et estime de soi, confiance en soi renforcée, socialisation, meilleure information sur les droits, meilleur accès aux autorités et services du secteur, accroissement des ressources financières grâce à l'entraide.

- **au niveau familial** : restauration des relations parents-enfants, baisse des violences, enfants reconnus par leur père, mariages de mères célibataires, partage des tâches et des ressources, résolution des problèmes de partage des biens et d'héritage.

- **au niveau social et communautaire** : développement des relations, ouverture aux autres, évolution des représentations liées au genre, changement des perceptions envers les bénéficiaires, sanctions juridiques renforcées, développement de l'entraide, création d'associations.

Enfin, les impacts des activités psychosociales du projet ont pu être mesurées par type de bénéficiaires :

◁ **les femmes subissant des violences** : les victimes ne confient pas facilement leur vécu douloureux dans un contexte culturel qui est stigmatisant. Grâce aux activités, elles ont trouvé du soutien dans différents groupes selon leurs besoins psychosociaux : soutien psychologique, accompagnement juridique, insertion économique, etc.

◁ **les jeunes mères célibataires** : elles le sont, pour la plupart, suite à des abus sexuels et doivent faire face à des difficultés d'ordre social (le rejet de la famille et/ou de la communauté), économique (du fait de leur précarité) et juridique (pour la reconnaissance de l'enfant). De plus, certaines ont contracté une MST ou le VIH/SIDA suite à l'abus sexuel. Les activités du projet ont permis à certaines d'entre-elles de réintégrer leur famille, pour d'autres de trouver une solution d'hébergement et ainsi d'avoir accès à une formation professionnelle.

◁ **les prostituées** : elles vivent la violence et le rejet de la communauté et se trouvent dans une grande précarité. Du fait de leurs comportements à risque et des abus sexuels qu'elles peuvent subir, la plupart ont contracté le VIH/Sida. En ayant accès à des groupes, notamment à des activités génératrices de revenus (AGR), certaines ont pu accéder à une formation et sortir de la prostitution.

◁ **les femmes veuves** : elles se trouvent seules à assumer l'éducation de leurs enfants et à subvenir aux besoins économiques de la famille. Suite au génocide, les veuves ont vu mourir leur mari et certaines d'entre elles leurs enfants. Elles-mêmes ont pu être battues, violées. Aujourd'hui encore, elles sont souvent rejetées ou victimes d'abus. Madeleine, l'une de ces veuves, parle de sa situation : *« Mes voisins sont bien au courant que mon mari a été tué et que mon enfant est né d'un viol. Mais ils se sentent coupables du tort qu'on m'a fait et, pour cette raison, ils préfèrent m'ignorer ».* Une psychologue de l'équipe projet explique : *« Beaucoup de ces femmes peinent par exemple à ressentir de l'affection pour les enfants issus de viol. Nous en discutons lors de ces groupes de parole. Parce que le seul fait qu'il existe des femmes qui osent admettre qu'elles ont ce problème aide. Il y a également des sessions individuelles pour les femmes ayant de graves traumatismes ou pour celles qui ne parviennent toujours pas à parler de ce qui leur est arrivé ».*

◁ **les enfants et les adolescents infectés par le VIH/Sida** : ces enfants subissent le rejet et l'exclusion, ils sont stigmatisés à l'école et au sein même de la communauté (les autres enfants refusent de jouer avec eux, de s'asseoir à côté d'eux). Ces enfants ont participé à de multiples groupes pour bénéficier d'un soutien psychologique, social et médical. Sur un secteur, ils ont mis en place un élevage de lapins.

◁ **les enfants des rues** : ces enfants ont quitté la campagne pour la ville ou bien errent le long des routes en zone rurale. Ils vivent de vols et de mendicité et sont rejetés par la communauté. Certains ont pu être approchés et ont intégré des groupes de sensibilisation aux conduites à risques.

◁ **les couples en conflit** : ils ont intégré des groupes, séparément ou ensemble, pour chercher un soutien et une résolution à leur conflit. Les couples qui ont dépassé leur problèmes de violence ou d'alcoolisme deviennent des personnes ressources et interviennent auprès des couples en difficulté de leur communauté.

◁ **les personnes en situation de handicap** : elles se sont intégrées dans divers groupes (soutien juridique, économique, psychologique) mais ont aussi souhaité la formation de groupes spécifiques regroupant des personnes vivant avec un handicap pour traiter leurs problèmes.

Sur les 4 048 bénéficiaires du projet, 72% sont des femmes. L'évaluation du projet ne fait pas apparaître les limites relatives à la participation des hommes aux activités. Pourtant, nombre d'entre eux vivent avec des troubles psychosociaux ou souffrent d'un vécu traumatique parce qu'ils ont été témoins du viol de leur femme ou de leur fille, parce qu'ils sont violents ou inactifs, ou atteints par le VIH/Sida ou encore malades alcooliques. Les conséquences psychosociales ne sont pas neutres sur le plan du genre, elles ont des effets différents sur les femmes, les filles, les garçons et les hommes. Il apparaît donc essentiel de gérer, de façon spécifique, les besoins respectifs de chacun. Il convient de prendre en compte ces besoins différents pour proposer une aide adaptée et ne pas laisser sur le bord de la route des hommes qui nécessitent, tout autant que les femmes, un soutien psychologique, social, économique ou juridique. Pour favoriser la participation des hommes, ils devraient être encouragés à prendre part aux évaluations des besoins, à la mise en œuvre et l'évaluation des activités du projet, afin que leur point de vue puisse être pris en compte. La contribution des garçons et des hommes devrait être prise en compte de manière renforcée dès la conception du projet. Il est fondamental d'encourager leur participation aux groupes de la communauté et de valoriser le rôle qu'ils ont à jouer dans la réconciliation et l'équilibre de la communauté. Par ailleurs, l'évaluation du projet a permis d'identifier les limites dans la mise en œuvre de cette approche en santé mentale communautaire et dans le déroulement des activités psychosociales :

◁ la répartition géographique des bénéficiaires en habitat dispersé ne leur permet pas d'avoir accès à tous les services de base et il est complexe de proposer une prise en charge étendue et diversifiée des problématiques. En effet au Rwanda, plus encore que partout ailleurs en Afrique, la dispersion de l'habitat est très forte, surtout dans les zones rurales, ce qui rend l'accès aux différents services très difficile.

◁ le système et le réseau de référencements n'est pas suffisamment développé, il ne permet pas, d'une part, de référer les groupes d'AGR suffisamment autonomes vers des organisations spécialisées dans les projets d'insertion économique. D'autre part, le réseau limité ne permet pas de diversifier les activités psychosociales selon les domaines d'intervention (agriculture, élevage, construction), ni d'élargir les formations professionnelles (couture, mécanique, etc).

◁ Les structures sociales et de santé au niveau du secteur ne disposent pas ou peu de personnels formés en travail social et santé mentale, ce qui n'a pas permis de mettre en place un réseau suffisant de référencement pour les prises en charge psychologiques.

Pour le reste, le contexte du projet fait apparaître une identification de problèmes ou d'obstacles d'ordre économique d'une part, car la pauvreté des zones cibles limite l'accès au crédit ou à la participation à l'épargne et freine les déplacements nécessaires aux activités génératrices de revenus. D'autre part, la maladie (VIH/Sida) ou le handicap limite l'accès aux services référencés (problèmes de déplacements ou incapacités physiques). D'autres freins d'ordre social apparaissent dans l'évaluation, pour exemple les conflits inter-familles (suite au génocide) empêchent la participation aux groupes de leurs membres. Par ailleurs, le fonctionnement des administrations publiques peut entraver le bon déroulement du projet parce que les autorités locales connaissent un turn-over important, ce qui peut être un obstacle à la pérennité du projet qui a un fort ancrage dans le secteur. La justice reste aussi très lente et est difficile d'accès, ce qui freine le processus de résolution des problèmes et de deuil. De plus, l'intervention de certaines autorités religieuses peut être problématique lorsqu'elle s'oppose à l'accompagnement proposé par le projet sur des questions liées à la prévention des risques sexuels et à la contraception par exemple. Enfin, les liens et la collaboration avec les autres ONG impliquées dans le champ psychosocial et la santé mentale au Rwanda sont inexistants.

L'évaluation confirme donc que, malgré ses limites, le projet est pertinent en ce sens qu'il répond aux besoins de la communauté, au niveau collectif et individuel, en favorisant une dynamique de reconstruction de soi et de cohésion communautaire. Les activités renforcent le pouvoir d'agir, ce qui amène les membres de la communauté à s'organiser et à s'apporter de l'entraide pour la recherche de solutions en commun. Le projet permet de rassembler les habitants, les autorités locales, l'église, la société civile et opère ainsi comme une caisse de résonance et de prise de conscience des problématiques sociales. Par conséquent, ces acteurs contribuent à consolider le lien communautaire et œuvrent conjointement pour la reconstruction sociale et la réconciliation du pays.

Enfin, l'évaluation permet d'assurer que les capacités fonctionnelles des intervenants (personnes ressources, personnes relais et médiateurs) sont réelles et qu'avec les bénéficiaires du projet, ces derniers peuvent garantir une certaine pérennité aux activités en relation avec les centres de santé et les autorités locales.

A l'issue de l'évaluation du projet, le transfert de l'action globale en santé mentale communautaire n'est pas encore assuré du fait de l'absence d'identification d'une structure locale capable de mobiliser les ressources financières, matérielles et humaines nécessaires à la poursuite de la démarche. L'équipe projet recherche des solutions afin de préparer la stratégie de phase de retrait et de transfert du projet à une structure locale. Il est recommandé que cette phase prenne en compte le renforcement des capacités des structures locales afin d'assurer la poursuite des activités psychosociales. Les questions de pérennité des activités du projet relèvent aussi de l'implication des autorités et de leurs institutions, il s'agira alors de renforcer leur participation au projet en leur attribuant la responsabilité de la coordination. Les efforts en matière de renforcement des capacités sont centraux pour garantir la pérennité et la qualité des interventions.

Pour conclure, soulignons l'importance de la coordination avec les autres ONG qui œuvrent dans le domaine psychosocial au Rwanda. Il apparaît, dans l'évaluation du projet, qu'il n'existe pas de liens avec les autres acteurs internationaux sur le territoire, alors que nombre d'ONG opèrent dans le champ psychosocial. Par conséquent, il s'avère pertinent de favoriser cette coordination pour créer des services complémentaires et des synergies dans le but d'harmoniser les approches et de répondre aux besoins de la population au niveau national. Cette coordination semble être la clef pour garantir l'appropriation des pratiques psychosociales et pour assurer, à long terme, leur intégration dans le système et les politiques de santé mentale au niveau national.

Conclusion

Dans l'aide humanitaire, nos références ainsi que nos façons de percevoir et de faire, d'organiser et d'évaluer les projets, sont confrontées à d'autres schémas culturels bien éloignés de ceux qui nous sont familiers. Face à des populations ayant des valeurs, des croyances et des pratiques culturelles multiples et différentes de celles de l'Occident, les acteurs humanitaires doivent continuellement s'interroger sur la posture à adopter, sur la mise en œuvre des activités et sur l'impact des projets sur les populations.

Le terrain humanitaire est un lieu de changements brutaux, de confrontations culturelles, de perturbations du social, de déconstruction et de reconstruction d'identités, qui interagissent avec les interventions des acteurs de l'aide internationale. Force est de constater qu'une conduite ethnocentrique de ces acteurs est un risque lorsque la prise en compte du contexte culturel, économique et social du terrain d'intervention est absente. A l'inverse, la démarche participative reste le meilleur moyen d'écoute et de consultation des populations. Elle permet de mieux comprendre ce qui cause les troubles psychosociaux et d'évaluer les risques encourus par les communautés pour garantir l'identification des besoins immédiats et à long terme.

La forte relation qui existe entre troubles psychosociaux et altération du fonctionnement social, dans les zones où se sont produites des violences massives d'origine humaine ou naturelle, n'est plus à démontrer. Comme nous l'avons vu tout au long de ce mémoire, l'approche psychosociale, en mobilisant les ressources communautaires, contribue d'une part, à l'amélioration des conditions de vie des populations et d'autre part, à prévenir les conséquences possibles des traumatismes sur le bien-être des populations. L'importance de prendre en compte, dès le début des crises, la composante psychosociale, en accompagnant les communautés dans leurs besoins psychologiques et sociaux, apparaît cruciale pour que l'intervention soit de qualité. Cela doit être réalisé dans une approche transversale et holistique en ce sens qu'il s'agit de prendre la mesure de l'ensemble des facteurs psychosociaux inhérents au contexte et à l'histoire de la population cible.

En conséquence, il y a nécessité aujourd'hui pour les ONG, les bailleurs de fonds et les chercheurs d'investir plus dans la mise en œuvre de l'approche psychosociale, afin de mieux soulager la souffrance psychique et son retentissement sur la vie sociale. Les exigences croissantes des bailleurs de fonds, en matière d'efficacité des programmes, doivent pouvoir encourager l'intégration de nouvelles disciplines, d'outils innovants dans l'évaluation des projets. Au préalable de tout projet, une analyse de l'environnement politique, social, culturel et économique, associant plusieurs disciplines telles que l'anthropologie, la sociologie, le droit ou encore l'économie, pourrait contribuer à l'efficacité des programmes. Si les bailleurs de fonds sont sensibles aux conséquences des traumatismes sur le bien-être des populations, il convient alors qu'ils accordent et pérennisent des financements pour permettre cette analyse du contexte et favoriser une approche psychosociale adaptée aux particularismes des bénéficiaires cibles. En outre, pour favoriser le développement de l'approche psychosociale, un consortium d'ONG pourrait se former dans le but de partager les différentes pratiques, de développer des outils, de renforcer ses capacités dans la perspective de concevoir un manuel de directives et de normes et de dispenser des formations en direction des acteurs de la solidarité internationale.

Enfin, l'approche psychosociale pourrait être considérée comme un principe éthique fondamental dans l'intervention humanitaire. Au fond, l'éthique exprime le questionnement inévitable suscité par des situations inédites qui imposent des choix. C'est pourquoi le champ de l'humanitaire ne peut échapper au questionnement éthique et ne peut s'en tenir à ses principes fondateurs, il doit continuellement questionner ses choix en plaçant les bénéficiaires de l'aide au cœur des actions.

C'est là que cette phrase de Diderot trouve toute sa modernité : « Il ne suffit pas de vouloir faire le bien, il faut encore le bien faire ».

Bibliographie

<u>Ouvrages</u>

JOSSE Evelyne et DUBOIS Vincent, *Interventions humanitaires en santé mentale dans les violences de masse,* De Boeck Université, 2009, 297 p.

GARRAU Marie et LE GOFF Alice, *Care, justice et dépendance*, Paris, Philosophies PUF, 2010, 178 p.

TRONTO Joan, *Un monde vulnérable, Pour une politique du care*, Paris, La découverte, 2009, 240 p.

MILLELIRI Jeanne et LISCIA Thierry, *La prise en compte du traumatisme psychologique des populations, Quelles modalités d'intervention pour l'Agence Française de Développement (AFD) dans les États en post-conflit ?* Éditions universitaires européennes, 2013, 163 p.

ERNY Pierre, *L'éducation au Rwanda au temps des rois*, Etudes africaines, l'Harmattan, 2005, 352 p.

NATHAN Tobie, *La guerre, Interculturel et Psychopathologie*, La pensée sauvage, 1997, 158 p.

LACHAL Christian, OUSS-RYNGAERT Lisa et MORO Marie-Rose, Comprendre et soigner le trauma en situation humanitaire, Dunod Paris, 2003, 284 p.

Articles

OBERLE Thierry, *En Haïti le vaudou est toujours debout*, publié le 04/02/2010
http://www.lefigaro.fr/international/2010/02/04/010 3-en-haiti-le-vaudou-est-toujours-debout-php

MAHERIN Ahmed, *Bangladesh, braver les tempêtes*,
Croix Rouge Française, publié le 20/02/2013
http://www.croix-rouge.fr/Actualite/Catastrophes-silencieuses/Bangladesh-braver-les-tempetes/

BRANA Pierre, *Rwanda 1994, le génocide des Tutsi*, Revue L'histoire, mensuel n°396, janvier 2014

GRET, *Port-au-Prince : les associations de Desprez améliorent le cadre de vie de leur quartier*, publié le 06/06/2015
http://www.gret.org/2015/06/port-au-prince-les-associations-ameliorent-le-cadre-de-vie-de-leur-quartier/.

BAINGANA Florence, *Santé mentale et conflits*, publié le 12/02/2005
http://www-wds.worldbank.org/

JENKINS Rachel, *Santé mentale et médecine familiale*, publié le 23/04/2011
http://www.ncbi.nlm.nih.gov/pmc/articles/PMC3178 192/

Médecins Sans Frontières (MSF), *Génocide des Rwandais Tutsis 1994*, publié le 09/04/2014
http://www.speakingout.msf.org/fr/genocide-des-

rwandais-tutsis

SPHERE, *20 ans après le génocide rwandais,* publié le 24/03/2014
http://www.sphereproject.org/sphere/fr/sphere/fr/no uvelles/20-ans-apres-le-genocide-rwandais-la-redevabilite-humanitaire-john-borton/

Handicap International, *20ème commémoration du génocide des Tutsi,* publié le 07/04/2014
http://www.handicap-international.fr/system/files/documents/files/2014-dossierdepresserwandaok.pdf

KORMAN Rémi, *La place du Kinyarwanda dans la recherche,* publié le 15/01/2013
http://rwanda.hypotheses.org/405

Comité International de la Croix-Rouge, *Rwanda : 11 enfants retrouvent leurs familles,* publié le 08/07/2014
https://www.icrc.org/fre/resources/documents/news -release/2014/07-08-rwanda-kigali-reuniting-family-links.htm

Médecins Sans Frontières (MSF), Une année d'accompagnement psychosocial pour les rwandaises traumatisées, publié le 22/08/2007
http://www.msf-azg.be/fr/une-annee-accompagnement-psychosocial-pour-les-rwandaises-traumatisees/

Rapports, Manuels et Actes de conférences

BECKER David et WEYERMANN Barbara, *Genre, transformation des conflits et approche psychosociale,* Direction du Développement et de la Coopération (DDC) Suisse, 2006, 170 p.

Comité Permanent Interorganisations (CPI), *Directives du CPI concernant la santé mentale et le soutien psychosocial dans les situations d'urgence*, Genève, 2007, 110 p.

Actes de la Conférence, *Le bien-être : socle du développement ?* Agence Française de Développement, 2013, 25 p.

Actes de la Conférence Nationale Humanitaire 2014, Ministère des Affaires Étrangères et du Développement International, Paris, 91 p.

Rapport d'Action Contre la Faim (ACF), *Histoires de Psy, histoires de soins, Dix ans d'expériences en santé mentale et pratiques de soins,* 2014, 116 p.

Organisation Mondiale de la Santé (OMS), *Evaluation des besoins et ressources en santé mentale et soutien psychosocial*, Génève, 2012, 84 p.

L'Agence des Nations Unies pour les Réfugiés (UNHCR), *Santé mentale et soutien psychosocial, Directives opérationnelles pour la programmation des opérations auprès des réfugiés*, 2013, 96 p.

Agence des Etats-Unis pour le développement

international (USAID), Directives *secours d'urgence*, 2012, 111 p.

Service d'Aide Humanitaire et de Protection Civile (ECHO), Commission Européenne, *Lignes directrices concernant la santé des populations touchées par des crises,* 2009, 28 p.

Agence Française de Développement, *Agir face aux situations de fragilité, de crises et de violence,* 2012, 6 p.

Action Contre la Faim (ACF), *L'impact psychosocial des crises humanitaires, Mieux comprendre pour mieux intervenir,* 2015, 40 p.

Handicap International, Document cadre, *Santé mentale en contexte de post-crise et de développement,* Direction des Ressources Techniques, 2011, 92 p.

Terre des Hommes, Lüber Ernst, Rossi Leonora, Xavier Gérard, Manuel de cycle de projet, 2012, 99 p.

Fédération internationale des Sociétés de la Croix-Rouge et du Croissant-Rouge, *Les interventions psychosociales*, 2009, 198 p.

Organisation de l'Unité Africaine, *Rapport sur le génocide au Rwanda*, 2000, 223 p.

Human Rights Watch, *Rwanda, la justice après le génocide, 20 ans plus tard*, 2014, 27 p.

Programme des Nations Unies pour le

Développement, *Rapport sur le développement humain,* 2014, 248 p.

Human Rights Watch, *La justice, un parcours semé d'obstacles pour les victimes de viol au Rwanda,* 2004, 64 p.

Organisation Mondiale de la Santé (OMS), *Cadre pour la conception d'interventions communautaires visant à promouvoir la santé,* 2009, 42 p.

Fonds International de Développement Agricole (FIDA), *Œuvrer pour que les populations rurales se libèrent de la pauvreté au Rwanda,* 2010, 77 p.

Institut de formation humanitaire BIOFORCE, Formation à la gestion de projet, 2014, 26 p